趣味汉字

[新加坡] 陈火平 / 著

新世界出版社
NEW WORLD PRESS

前　言

中国的汉字至今已有五千多年的历史。尽管汉字不断地发展演变，但基础的汉字书写形式在公元 200 年就形成了。它不仅生动地反映出中国人生活的一个侧面，同时也标志着人类早期文明的伟大成就。

汉字包括各种各样的字体形式，从简单的表形字和表意字到复杂的复合字，均由汉字的字根或形声旁发展演变而来。在汉字中共有 214 个形声旁，它们中有些可以独立作为单独的字而存在，有些则需要与其他的字组合而成。

本书以卡通漫画形式表现出形声旁以及与它们相关联的字是如何发展演化的，形象地讲述了汉字的起源以及中国人内心深处蕴藏的幽默感。书中详细地介绍了 369 个常用汉字的起源和发展、它们的各种笔画形式和顺序，以及一些基础的汉字知识。这些都能有效地帮助初学者学习汉字，掌握正确的书写形式。同时，本书的附录还为初学者提供了汉语中有关月份、星期和数字的表达方法。本外，书后按汉语拼音音节顺序编排的索引为读者和初学者查找本书中每个汉字的具体内容提供了极大的方便。

本书全部漫画均由陈火平（Tan Huay Peng）绘制。本书的出版得到了新加坡联邦出版有限公司的鼎力协助。本书中的英文原文和漫画均引进新加坡联邦出版有限公司 1998 年出版的 WHAT'S IN A CHINESE CHARACTER 一书。在此，我们向原出版者和作者表示最诚挚的谢意。我们衷心地祝愿此书的出版能使读者在轻松的阅读中体味汉字的无穷魅力，并且读有所获。

引　言

历史背景

汉字的起源带有一定的神秘色彩，有各式各样的传说解释它的产生。其中的一个传说讲述了黄帝手下一位名叫仓颉的史官如何观察飞禽走兽的足迹。当他注意到每个动物的足迹都不同，而且具有可分辨性时，受到了启发，于是他把每个物体画成画，并简化了线条的数量。这就是最早出现的被汉朝语言学家许慎称之为的象形字。

象形字

象形字可以很好地表现一个事物，例如：动物、植物、身体的各个部位等等。随着汉字的发展，我们不难看出，现在的汉字已失去了它所反映的事物的原本面目。

象形字与现在的汉字对照表：

	日	rì		水	shuǐ
	月	yuè		火	huǒ
	山	shān		木	mù
	虎	hǔ		羊	yáng
	象	xiàng		马	mǎ
	犬	quǎn		目	mù
	耳	ěr		手	shǒu
	口	kǒu			

表意字

这些字表示抽象的概念。汉朝语言学家许慎将它们称为指事。

例句：

一	yī	上	shàng	up,
二	èr	下	xià	
三	sān			

形声字

随着文明的进步，新字的需求逐渐增多。于是，一种新字的形式孕育而生，即形声字。

这些字都具有一个表形旁以表达其意，同时还有一个表声旁以表示读音。

下列是读音相近的形声字：

表形字	表声字	复合字
水 shuǐ	+ 其 qí	→淇 qí
玉 yù	+ 其 qí	→琪 qí
木 mù	+ 其 qí	→棋 qí

上述内容表现了读音相同但写法完全不同的字。“其”不论在复合字或单独使用时都念“qí”，意为“他的、她的、它的”。

下列是意思相近的形声字：

木 mù + 土 tǔ + →杜 dù

木 mù + 反 fǎn →板 bǎn

每个象形字都可以当声旁使用，且很少具有形旁的功能。形旁的使用是为了给字典中的字归类，到了清朝，形旁的数量已经减少到现有的214个。除了上述介绍的三种形式外，还有一些其他形式。当两个或两个以上的象形字或表意字结合在一起时就形成了一个全新的字。

例如：

木	+	木	→	林		
mù		mù		lín		
手	+	分	+	手	→	掰
shǒu		fēn		shǒu		bāi

表声字可以组成另外的字，如：来。原先并没有这个字，因为它很难描述。同一个“来”字还可以表示谷类作物。于是，这个字就这样使用下来了。

从公元200年到600年楷书出现后，汉字的字体就没有进一步发展。但是由于使用了可以创造新字的形声旁，所以汉字便得以一直继续地发展进化。

汉字的结构

一个汉字由一个或多个部分组成,例如:

日　rì　sun

女 + 子 → 好　hǎo　good

亻 + 尔 + 心 → 您　nín　you

汉字是一种方块字,有几个基本结构。

基本结构	形式	范例
左－右		你 nǐ :亻 尔 你 好 hǎo :女 子 好 观 guān :又 见 观 地 dì :土 也 地
上－下		是 shì :日 疋 是 要 yào :西 女 要 星 xīng :日 生 星
左－中－右		哪 nǎ :口 月 阝 哪 谢 xiè :讠 身 寸 谢
上－中－下		爱 ài :爫 冖 友 爱
左右对称		坐 zuò 乘 chéng 爽 shuǎng

相同的部件用在不同的位置可以组成不同的汉字：

口	+	马	→	吗	口	（在左）
囗	+	玉	→	国	囗	（在外）
女	+	子	→	好	子	（在右）
木	+	子	→	李	子	（在下）
日	+	疋	→	是	日	（在上）
日	+	月	→	明	日	（在左）
日	+	月	→	明	月	（在右）
𠂇	+	月	→	有	月	（在下）

汉字的笔画种类

汉字有九种基本的笔画：

笔　画	笔画的名称	笔画的书写	范　例
一	横 héng		不　王
丨	竖 shù		工　中
丿	撇 piě		八　人
㇏	捺 nà		大　人
丶	点 diǎn		们　这
㇀	提 tí		汉　我
亅 ㇖ ㇂	钩 gōu		小　字　民
㇕	横折 héng zhé		口　日
㇗	竖折 shù zhé		亡　忙

笔画顺序

书写汉字时必须按照笔画顺序写。只有按照正确的笔顺写，才会写出快捷流畅的字来。

笔画范例：

先写横、后写竖	十 shí	一	十		
	干 gān	一	二	干	
先写撇、后写捺	八 bā	丿	八		
	人 rén	丿	人		
先写外、后写内	月 yuè	丿	冂	月	
	同 tóng	丨	冂	同	
先写中间、后写左和右	小 xiǎo	亅	小	小	
	水 shuǐ	亅	水	水	
先写内、后封口	日 rì	丨	冂	日	日
	国 guó	丨	冂	国	国
先写上、后写下	三 sān	一	二	三	
	京 jīng	亠	古	京	
先写左、后写右	儿 ér	丿	儿		
	川 chuān	丿	川	川	

连续性的笔画

有的字中有些笔画是连续写的，例如：

丿　冂　月　月

上面的字有一个连续的笔画，即横折钩。其余的笔画看似连续的，实际上是分开的。

女 nǚ

女儿	nǚ ’ér	女工	nǚ gōng
女皇	nǚ huáng	女人	nǚ rén
女士	nǚ shì	女王	nǚ wáng
女性	nǚ xìng		

女：在最早的象形文字中，“女”字被描述为一个弓着腰的女子的形象（），后来为了书写的方便，“女”字被简化为一个女人谦恭地跪着的样子（）。现在所用的“女”字描绘的则是一个站直腰身，大步追赶男人的女性姿态。

子 zǐ

子弹	zǐ dàn	子弟	zǐ dì
子女	zǐ nǚ	子孙	zǐ sūn
子夜	zǐ yè	子音	zǐ yīn
孩子	hái zi		

子：“子”字的形状源于一个伸展四肢的婴儿形象。后来经过演变，最终该字的形象仿佛是一个用襁褓包住双腿的婴儿。显然，对于中国父母来说，养好孩了的一个秘诀就是把孩了的身体包起来，使之 头湿，一头干。

好 hǎo

好吃	hǎo chī	好处	hǎo chù
好感	hǎo gǎn	好汉	hǎo hàn
好久	hǎo jiǔ	好看	hǎo kàn
好听	hǎo tīng		

好：古人把表示女孩或女儿的“女”字与表示小孩或儿子的“子”合在一起，形成一个字来表示友善或优秀的意思。对于一个男人来说，幸福莫过于拥有贤妻孝子。当然，如果他的妻子尽心抚养子女的话也是好的。

安 ān

安定	ān dìng	安眠	ān mián
安排	ān pái	安全	ān quán
安慰	ān wèi	安装	ān zhuāng
不安	bù 'ān		

安：汉语中把表示女人的“女”字与象征“家”的“宀”合在一起表示安宁、平定的意思。经验告诉人们，安宁的日子源于一个男人在自家中最好只养一个女子，并且让她足不出户。

字 zì

字典 zì diǎn　　字号 zì hào
字迹 zì jì　　字据 zì jù
字幕 zì mù　　字体 zì tǐ
写字 xiě zì

字：古代为防止写在纸上的字因日久而腐烂，人们通常会把这些字刻在捆绑成册的竹片上。如此精心刻下的字如同孩子（子）一般受到珍视，当然也就会被深藏家（宀）中。这就形成了“字”这个字。画中屋檐下的那个富家青年子弟正在通过学写字来提高个人修养，从而避免变得粗野。

豕 shǐ

豕心 shǐ xīn　　豕食 shǐ shí
豕膏 shǐ gāo　　豕腊 shǐ là
田豕 tián shǐ

豕：象形文字中用“一”来代表猪头。豕字的左半部分（豸）象征猪的肚子和蹄子，右半部分（乀）则象征猪的后背及尾巴。猪给人以一种生活富足的感觉，因此有人认为人与猪合在一起就构成了衣食无忧的生活。这种共存关系恰好验证了一句俗话：“教师离不开书，穷人离不开猪。”

家 jiā

家产　jiā chǎn　　家具　jiā jù
家庭　jiā tíng　　家务　jiā wù
家乡　jiā xiāng　　家长　jiā zhǎng
家族　jiā zú

家：猪（豕）呆在屋檐下（宀）就给人以“家”的概念。通过驯化，猪可以与人共同生活在一起。即使让它在屋内随意走动，也不会给人带来任何麻烦或不便。

1	2	3	4	5	6	7	8	9	10

嫁 jià

嫁娶　jià qǔ　　嫁人　jià rù
嫁妆　jià zhuang　　出嫁　chū jià

嫁：这个字是由“女”字加上“家”字构成，表示一个女子结婚成家。该字只适用于到了结婚年龄的女子。她们即将有自己的丈夫、自己的家及自己的家庭。

1	2	3	4	5	6	7	8	9	10	11	12	13

妻 qī

妻舅　qī jiù　　妻室　qī shì
妻子　qī zi　　贤妻　xián qī

妻：通常结婚后，男人会将一把扫帚(ψ)交到妻子手中(ヨ)，让她掌管家庭一切事务。这就是“妻”字，一个挥动扫帚打扫房间的女子形象。

木 mù

木材　mù cái　　木筏　mù fá
木工　mù gōng　　木瓜　mù guā
木屐　mù jī　　木匠　mù jiang
木料　mù liào

木：树枝(一)、树干(丨)和树根(八)，这三者合在一起构成了象形文字“木”。它只表现出树干和树枝是因为“木”字也含有木材之意。正如图片上所显示的那样，长成材的大树，就该被人们砍伐掉了。

一	十	才	木
1	2	3	4

李 lǐ

李树　lǐ shù　　李子　lǐ zi
行李　xíng li

李：李子树以其天然多产且为孩童所喜爱而闻名。在象形文字中，孩子（子）位于树木（木）下，就是"李"字。不过现实中，孩子可并不总是在树下。

1	2	3	4	5	6	7
一	十	才	木	杢	李	李

栖 qī

栖身　qī shēn　　栖宿　qī sù
栖息　qī xī

栖：这个字以"木"字为形旁，"妻"字为声旁构成。"木"表示与树木有关，"妻"则是该字的读音，后来人们把"妻"字简化为表示方向的"西"字。

1	2	3	4	5	6	7	8	9	10
一	十	才	木	木一	木丆	杤	柄	柄	栖

人 rén

人才	rén cái	人格	rén gé
人口	rén kǒu	人类	rén lèi
人民	rén mín	人生	rén shēng
人为	rén wéi		

人：象形字“人”所呈现出的是人体的侧面形态，从“人”字的演变中我们可以看出人进化的痕迹。自从诞生于这个世界，具备了手脚之后，原始人不得不通过徒手耕种()来维持生存，这就促使其直立行走()。在脱离了靠手脚的体力劳动后，人类开始只进行脑力劳动()。今天，人类在激烈的竞争中人连头都丢了，甚至连脚跟也立不稳了()。

1	2
丿	人

大 dà

大胆	dà dǎn	大概	dà gài
大家	dà jiā	大人	dà rén
大声	dà shēng	大厦	dà shà
大学	dà xué		

大：一个双臂完全伸开的成年人，从正面看就是一个“大”字()。体现“大”的概念并不是人们的个头，而是人们那种喜形于色的表情。正如我们图中所示的那样，但这其中却不乏一些仅仅为炫耀的人。

1	2	3
一	ナ	大

天 tiān

天才 tiān cái　　天空 tiān kōng
天生 tiān shēng　　天下 tiān xià
天真 tiān zhēn　　白天 bái tiān
明天 míng tiān

天：这个字指的是人站稳脚跟的能力（人），伸展的双臂则代表了人的自负（即“大”）。在人们的双肩之上的部分即为“天”，意为上天，同时也可指代具有权威的人。因为出现在空中的曙光象征着新的一天的开始，所以此字还可以用作指代时间的单位，即“一天”。

一 二 チ 天

夫 fū

农夫 nóng fū　　懦夫 nuò fū
渔夫 yú fū　　丈夫 zhàng fu
夫妻 fū qī　　夫人 fū rén
大夫 dài fu

夫：一个年轻人（人），到了 20 岁成年时（大），要用发夹（一）束发，并且戴上一顶成年男子（夫）才能戴的帽子。获得尊称后，也就意味着成为了一个贵人，同时也具备了成家立业的资格。因此“夫”字所指的是受人尊敬的男子或丈夫。

一 二 扌 夫

太 tài

太多 tài duō　　太后 tài hòu
太监 tài jiàn　　太空 tài kōng
太平 tài píng　　太太 tài tai
太阳 tài yáng

太：人们将“大”字下面加一横（一）构成了“太”这个表示最高级意思的词。它的意思是太多了或超越极限了。当一系列喜事来临时，男人们又为他们的妻子冠以了一种近乎于奉承的双音节的称呼叫“太太”。后来，人们又把一横改成了小小的一点。

一	ナ	大	太
1	2	3	4

立 lì

立场 lì chǎng　　立法 lì fǎ
立即 lì jí　　立刻 lì kè
立体 lì tǐ　　立足 lì zú
建立 jiàn lì

立：这个字表示一个人站立或起立。（一）表示站在坚实的土地上，起初为（𠓜）字形；后来简化成（亼），并最终演变为“立”。图中的这些人，有体强的，有体弱的，从中我们不难看出，站立也不是轻而易举的。

丶	亠	亣	亣	立
1	2	3	4	5

小 xiǎo

小吃	xiǎo chī	小丑	xiǎo chǒu
小岛	xiǎo dǎo	小姐	xiǎo jiě
小麦	xiǎo mài	小时	xiǎo shí
小偷	xiǎo tōu		

小：一竖钩（亅）两边各加一点（八），就表示小。可以理解为一个物体分为两半点就比原来小了。对人们来说，比如在正整数运算中，除法运算可以让数字变小，而乘法运算则使数字变大。正如我们图中所显示的那样，指导人们如何减少痛苦，争取更大的幸福。

少 shǎo；shào

少量	shǎo liàng	少女	shào nǚ
少数	shǎo shù	少许	shǎo xǔ
少有	shǎo yǒu	少年	shào nián
多少	duō shǎo		

少："少"字是由"小"字加上"丿"构成的，把本来就小的东西再变小，就成了"少"。上图中通过形象的手段所表现出的就是从"大"到"小"再到"少"的过程。

尖 jiān

尖兵 jiān bīng　　尖刀 jiān dāo
尖顶 jiān dǐng　　尖端 jiān duān
尖利 jiān lì　　尖锐 jiān ruì
尖塔 jiān tǎ

尖：把"小"字摞在"大"字之上，就形成了一个下大上小的锥形象形文字，这就是"尖"字。它表示敏锐的、锐利的或机敏的。但并不是所有下大上小的物体都能像图例中那样表示敏锐或机智的概念。

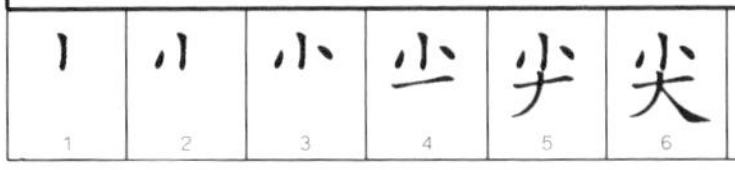

田 tián

田地 tián dì　　田鸡 tián jī
田径 tián jìng　　田野 tián yě
田园 tián yuán　　耕田 gēng tián

田：人们从早到晚都在田间辛勤地劳作。他们坚信一句俗语："农忙不离田，农闲不离家。"于是象形文字的"田"便是一块有犁沟和田埂的耕地（田）。通过滴洒汗水的辛勤劳作，农民收获了劳动的果实。但同时，劳动的艰辛不仅将道道沟痕留在田野，也将道道皱纹留在农民的眉间。

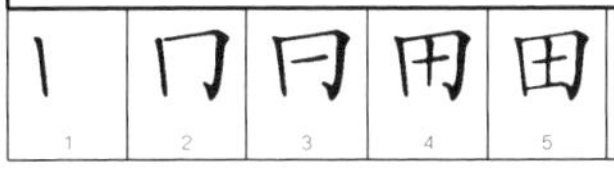

力 lì

力量 lì liàng　　力气 lì qi
力求 lì qiú　　力争 lì zhēng
人力 rén lì

力：“力”字现在的写法像是一条强壮的胳膊——是身体强健的象征。然而实际上人们更渴求的是道义上的完善。从前相信“力量就是正义”的人，很快将不得不接受这样一个现实：正义才是力量。最初的“力”字( )中间有一条竖线( )，并且在顶部弯曲形成一块代表突出的健美的肌肉的小空间，另外二笔( )代表的则是皮肤。

㇆	力
1	2

男 nán

男孩 nán hái　　男女 nán nǚ
男人 nán rén　　男声 nán shēng
男性 nán xìng　　男装 nán zhuāng
男子 nán zǐ

男：“田”地是要花“力”耕作的。因此“田”与“力”结合就成了表示男性的“男”字。这大概是因为“男主外，女主内”的原因吧。图中所绘的即为男子在田间耕耘，女子在家中操持的景象。

丨	冂	闩	田	田	男	男
1	2	3	4	5	6	7

日 rì

日报 rì bào　　日本 Rì Běn
日常 rì cháng　　日出 rì chū
日光 rì guāng　　日记 rì jì
日历 rì lì

日：“日”字最初的写法是在一个圆圈中点一个点，四面画上表示照耀大地的日光(¤)。后来简化为“⊙”，再往后就成了“⊖”，最后定形为“日”。对人来说，从日出到日落就是一天。太阳仿佛是在用一只眼睛看世界，因为它从不给谁多些，或给谁少些。它总是不偏不倚地照到世界上的每一个角落。

1	2	3	4
丨	冂	月	日

月 yuè

月饼 yuè bǐng　　月份 yuè fèn
月光 yuè guāng　　月经 yuè jīng
月亮 yuè liang　　月票 yuè piào
月球 yuè qiú

月：人们最早用一轮新月的形状(☽)来表示月亮或农历月份的“月”字。后来人们用了两种表示由亏变盈的月亮图案来表示“月”，即“☽”和倾斜后的“☽”，其后又将它演化为“月”。月光对置身其中的人来说，有时有着惊人的感染力。图中所绘的便是月亮正向世人倾洒它那具有“魔力”光芒的景象。

1	2	3	4
丿	冂	月	月

明 míng

明白	míng bai	明亮	míng liàng
明朗	míng lǎng	明年	míng nián
明显	míng xiǎn	明智	míng zhì

明：人们把“日”和“月”结合在一起形成了表示光亮、灿烂或启迪的表意文字。人们称之为“明”。同时人们还将与欧洲黑暗时代同期的中国王朝称为“明朝”。今天，科学技术已经发展到了令人眼花缭乱的太空时代，人类的智慧不断增长，人类的未来却越来越黑暗。

白 bái

白菜	bái cài	白费	bái fèi
白喉	bái hóu	白色	bái sè
白糖	bái táng	白兔	bái tù
坦白	tǎn bái		

白：当旭日（日）东升，撒下第一缕光辉（丿）时，长夜的黑暗便被驱散，白天到来了。这就是表示清楚、光亮或指白颜色的“白”字。当人们容易理解某事时，这就是“明白”。不过就如画面所示，许多事都不会那么容易弄“明白”。

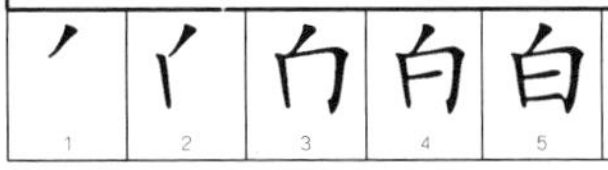

旦 dàn

旦暮 dàn mù　　旦夕 dàn xī
花旦 huā dàn　　元旦 yuán dàn
一旦 yī dàn

旦：每当太阳（日）从地平线（一）上升起时，拂晓（旦）来临了。谈及清晨，谚语中说：“早起三天，就等于多活一天。”人们日复一日地重复这句话，但却从不照做。

丨 冂 日 日 旦

甲 jiǎ

甲板 jiǎ bǎn　　甲虫 jiǎ chóng
甲壳 jiǎ ké　　甲鱼 jiǎ yú
甲骨文 jiǎ gǔ wén

甲：“甲”（意为第一）在逢十为一循环的“天干”中排在第一位。起初写作“十”，后来又在外面加一方框，成为“田”。为了与“田地”的“田”字区别，于是将中间的一竖向下延长成了“甲”。该字后来又融入了头盔之意，是因为从字形上看它类似于头盔（甲）。通过字意的延伸，现在的“甲”字泛指一切硬的遮盖物，如铠甲、贝壳、鳞片或指甲等。

丨 冂 日 日 甲

早 zǎo

早安	zǎo 'ān	早班	zǎo bān
早餐	zǎo cān	早操	zǎo cāo
早晨	zǎo chén	早春	zǎo chūn
早婚	zǎo hūn		

早:“早”(意为早的或清晨)是指一天中太阳(日)升到与人的头盔(十)高度接近的地方的时间。“十”是最早的“甲”字,指头盔。因为“甲”(十)字同时还具有第一的意思,所以“早”字也可指初升的太阳(日),即早晨。

丨 冂 冃 日 旦 早

1 2 3 4 5 6

休 xiū

休会	xiū huì	休假	xiū jià
休息	xiū xi	休闲	xiū xián
休想	xiū xiǎng	休业	xiū yè
休战	xiū zhàn		

休:这是一个让人喜欢的字,一个人在树阴下歇息,从字形上看是一个人(人或亻)靠在一棵树上(木)。如图中所示,后人靠着前人栽下的树悠闲地乘凉,正如中国的古谚中所说的:“前人种树,后人乘凉。”

丿 亻 仁 什 休 休

1 2 3 4 5 6

东

dōng

东方　dōng fāng　　东风　dōng fēng
东京　Dōng Jīng　　东欧　Dōng ōu
东西　dōng-xī　　　dōng xi

东：当一个人注意到太阳每天都从东方升起时，他便四下环视，想找一个适当的符号来表示他所看到的东方。当一天他看到远处升起的太阳（日）恰好与一棵树（木）重叠时，他有了主意：太阳（日）在树（木）的后面就是（东）。让人感到庆幸的是，此人没有被成功冲昏头脑。否则，他将会一直面对着一个错误的方向。

西

xī

西边　xī bian　　西餐　xī cān
西方　xī fāng　　西瓜　xī guā
西南　xī nán　　西欧　Xī ōu
西洋　Xī yáng

西：鸟儿总在夕阳西下时归巢栖息，因此以交线表示的鸟巢（西）便成了“西”字的雏形。后来人们运用丰富的想象力以一只卧在巢中的鸟（西）表示“西”。不久又设计出一种新写法“西”，这一写法最终演化为今天的“西”字。因为万物都存在于东、西之间的空间中，因而把东、西两个字合在一起就成了一个可以泛指一切物体的词。

上 shàng

上班 shàng bān　上辈 shàng bèi
上苍 shàng cāng　上策 shàng cè
上层 shàng céng　上等 shàng děng
上当 shàng dàng

上：上、下、高、低是相对而言的抽象术语。人们用在地平线（一）上加一笔而成的象形文字来表示“上”。最初这一笔是一点，即为“亠”；后来延长为一条线，即“二”；继而把第二画竖起来成了“丄”；又曾经被修饰为“上”；最后才定形为“上”。

一	卜	上																	
1	2	3																	

下 xià

下班 xià bān　下策 xià cè
下层 xià céng　下场 xià chǎng
下沉 xià chén　下等 xià děng
下级 xià jí

下：表达“下”或“低”的概念要涉及地平线。最早是在代表地平线的横线下加一点，即表示“下”，即“丅”；后变为一横，即“二”；为了便于书写又简化为“丅”和“下”的形式，最后形成了“下”。

一	丅	下																	
1	2	3																	

中

zhōng

中部	zhōng bù	中餐	zhōng cān
中层	zhōng céng	中立	zhōng lì
中等	zhōng děng	中间	zhōng jiān
中断	zhōng duàn		

中：射出一支箭（丨），正中一块方靶（口）的中心，就是表示中心的“中”字（中）。为了起到修饰的作用又加上了两对条纹“中”，重新调整后变为“中”，经过简化成了“中”，最终定形为“中”。“中”又代表了身处中心位置或表示中立。不幸的是，人们在处事中，总是做不到完全中立。

丨 冂 口 中

奴

nú

奴婢	nú bì	奴才	nú cai
奴化	nú huà	奴隶	nú lì
奴仆	nú pú	奴性	nú xìng
奴役	nú yì		

奴：（女）人在主人手下（又）即为奴隶。从字面上讲，“又”字与“女”字相结合为女仆。但事实上奴隶不分男女。他们被主人所拥有，为主人服务。

𡿨 女 女 奴 奴

友 yǒu

友爱	yǒu 'ài	友邦	yǒu bāng
友好	yǒu hǎo	友情	yǒu qíng
友人	yǒu rén	友善	yǒu shàn
友谊	yǒu yì		

友："友"字最初是由两只向同一方向伸出象征合作的右手（又又）组成的，后演变为友好的两只手（又又），继而成为互握的双手（友）。在这个字形上做些小的调整，便成了我们今天所用的"友"字。

1	2	3	4
一	ナ	方	友

手 shǒu

手臂	shǒu bì	手表	shǒu biǎo
手册	shǒu cè	手段	shǒu duàn
手法	shǒu fǎ	手工	shǒu gōng
手铐	shǒu kào		

手：最早的象形文字"手"中特别突出掌纹，因而写作"手"，后来人们根据实际特点突出了手指的形态，写作"手"，最后又突出了其中竖写的一笔"手"而成了今天我们所用的表示五指长短不一的"手"字。正如谚语所言："十指之中，有长有短。"另外"手"还是十分有用的字根。"手"的变种"扌"和"龵"是十分常见的形旁。

1	2	3	4
一	二	三	手

我 wǒ

我们　wǒ men
我爱你　wǒ ài nǐ
我们的　wǒ men de

我：“我”字最早的形状似两把互架的长矛“𢦏”。大概是表示双方均在捍卫象征自我的权力，而后又出现了一种新写法“我”，像是一只“手”拿着一支长矛（戈）。想必是指当一个人挥动手中的长矛时，他便会有一种唯我独尊的感觉，这就是表示自我的“我”字。

1	2	3	4	5	6	7
㇒	二	手	手	扌	我	我

你 nǐ

你好　nǐ hǎo　　你们　nǐ men
你们的　nǐ men de

你：“你”字旧写法为对称的“爾”字形，像是一架天平（朩），两边均匀地摆放着四颗砝码（㸚）。“爾”后来被简化为“尔”，最终加上“人”旁而成“你”。

1	2	3	4	5	6	7
㇒	亻	亻	㐱	你	你	你

也 yě

也罢	yě bà	也好	yě hǎo
也行	yě xíng	也许	yě xǔ
也有	yě yǒu		

也："也"字最早象征的是一种古代漏斗，其形同于饮酒的角状容器。人们除拥有属于自己的物品之外，还想要占有这种饮酒器皿。时至今日，酒杯已经变成了人们的所属物。正如图中所示，已经明确表述出人们与酒杯之间的关系。

1	2	3
㇆	㇆丨	也

他 tā

他处	tā chù	他的	tā de
他们	tā men	他人	tā rén
他日	tā rì	他乡	tā xiāng

他："他"字是由"人"和"也"组合而成，指代第三人称"他"或"她"，意为"那个人也"。

1	2	3	4	5
丿	亻	亻㇆	亻㇆丨	他

目 mù

目标	mù biāo	目的	mù dì
目光	mù guāng	目见	mù jiàn
目力	mù lì	目前	mù qián
目送	mù sòng		

目：“”字最早是由“眼皮”和“眼珠”两部分组成的“”，后写作“”因它容易与“”字混淆，所以人们把它竖起来变成“”，并最终定形为“”。一个人就是眼力再好，也不能用一只眼睛看到另一只眼睛。

1	2	3	4	5
丨	冂	冃	月	目

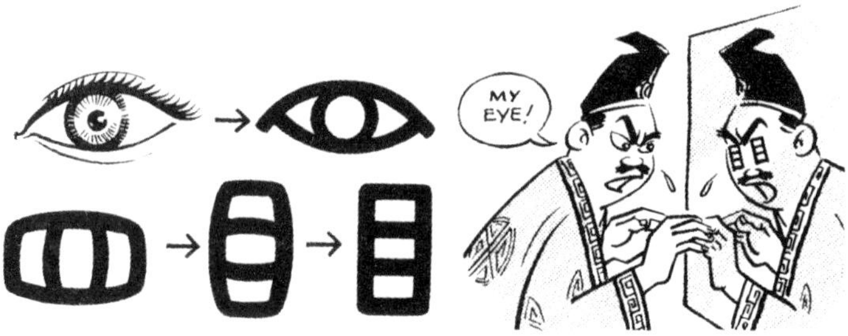

见 jiàn

见鬼	jiàn guǐ	见解	jiàn jiě
见面	jiàn miàn	见闻	jiàn wén
见习	jiàn xí	见效	jiàn xiào
见笑	jiàn xiào		

见：把“”字写在“”字之上就成了动词“见”。随着“目”字的变化，人们也将繁体字的“”进行了简化，成为今天的“见”字。

1	2	3	4
丨	冂	贝	见

口 kǒu

口才	kǒu cái	口吃	kǒu chī
口臭	kǒu chòu	口袋	kǒu dài
口福	kǒu fú	口供	kǒu gòng
口号	kǒu hào		

口：“口”字在最早的象形文字中是一张张开的嘴“口”，后来演变成了一张笑开的嘴“口”，最后变化为“口”，并被简化为一个方块“口”。“口”字同时还有张开的意思，要小心“祸从口出”。

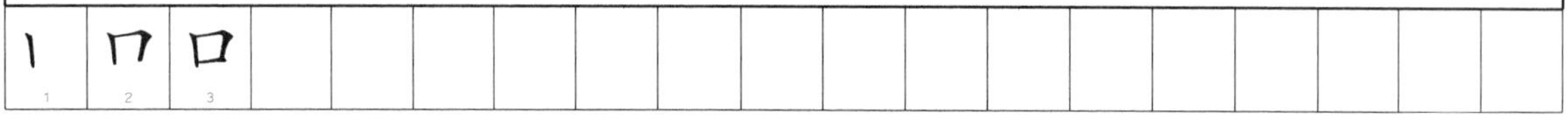

言 yán

言辞	yán cí	言和	yán hé
言论	yán lùn	言谈	yán tán
言行	yán xíng	言语	yán yǔ

言：中国有句俗语“言多必失”。这从“言”字自身的结构上就有明确的体现。“言”字最初被写作“言”，象征着从嘴“辛”中讲出的错话（旧写作“愆”）。为了改正错误，谨慎行事，人们在“口”字上加上了“二”（代表界限）。由此产生出了表示语言的“言”字。

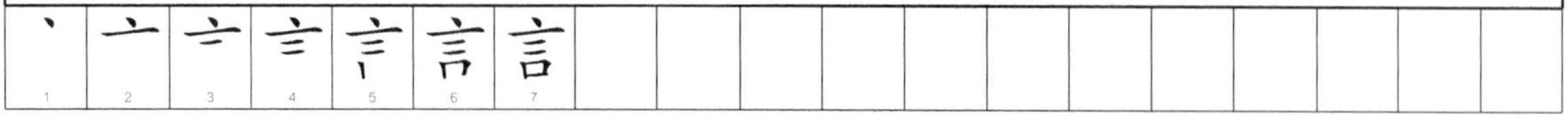

工

gōng

工厂	gōng chǎng	工党	Gōng Dǎng
工地	gōng dì	工夫	gōng fu
工具	gōng jù	工会	gōng huì
工匠	gōng jiàng		

工：象形文字“工”代表古代工匠用的尺子。引申为工人、劳动或技术之意。早期的“工”字是一把带有三条平行刻度的尺子，人们经常会为付出的劳动与所得的报酬而产生疑义。因此为了过上好日子，他便改变只知埋头苦干的做法而转为用“工”作为向雇主争取更多劳资的手段，如同图中所描绘出的那对主仆一样。

1	2	3
一	丅	工

左

zuǒ

左边	zuǒ bian	左面	zuǒ miàn
左派	zuǒ pài	左倾	zuǒ qīng
左手	zuǒ shǒu	左翼	zuǒ yì
左右	zuǒ yòu		

左：“左”字描绘的是一只拿着木工尺（工）的手（ナ）的形状。手工劳作中，左手通常用来协助右手的技术性工作。例如：当右手画线时，用左手拿尺子。“左”代表左方。

1	2	3	4	5
一	ナ	𠂇	左	左

右 yòu

右边	yòu bian	右面	yòu miàn
右派	yòu pài	右倾	yòu qīng
右手	yòu shǒu	右翼	yòu yì
向右	xiàng yòu		

右:“右”字是由一只手(ナ)和一张嘴(口)组成的,表示人是用右手吃饭的。“右”代表右方。

1	2	3	4	5
一	ナ	才	右	右

舌 shé

舌尖	shé jiān	舌头	shé tou
舌音	shé yīn	舌战	shé zhàn

舌:中国有句谚语说:“舌头犹如一把杀人不见血的利刃。”因此,早期的“舌”字便如一个伸出口外的叉形舌头“舌”。后来它演变成柔和的“舌”。最终在“舌”变得横平竖直之后,就成了今天所用的“舌”字。

1	2	3	4	5	6
ノ	二	千	千	舌	舌

话

huà

话别　huà bié　　话柄　huà bǐng
话旧　huà jiù　　话剧　huà jù
话题　huà tí　　笑话　xiào huà

话：人们把“言”字和“舌”字组合在一起就成了表示语言或交谈的“話”字。中国人用“覆水难收”这个成语来形容出口之言有多重的分量，告诫人们在说话之前要三思，不可信口开河。

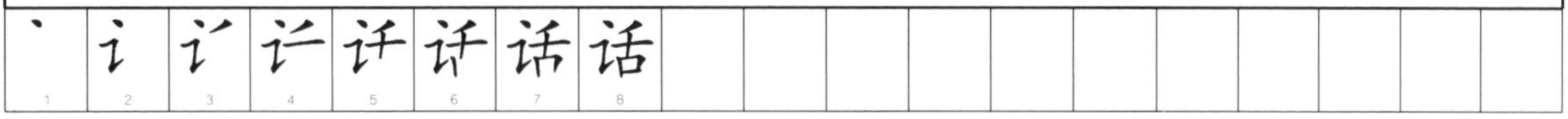

耳

ěr

耳朵　ěr duo　　耳光　ěr guāng
耳环　ěr huán　　耳机　ěr jī
耳孔　ěr kǒng　　耳鸣　ěr míng
耳目　ěr mù

耳：从远古时期人们就认识到了听觉的好坏也是智慧高低的一种表现，正如谚语中所言：“擅言者不如擅听者。”由此产生了象形文字“耳”，随后深化并定形为“耳”。虽然此字是由原先的“耳”演变而来，但已经丝毫看不出原先的形态了。

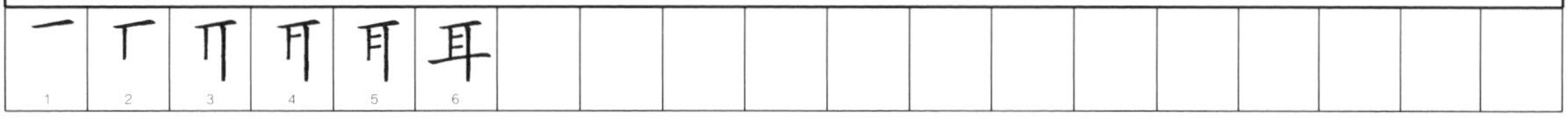

取 qǔ

取代 qǔ dài
取道 qǔ dào
取得 qǔ dé
取缔 qǔ dì
取决 qǔ jué
取巧 qǔ qiǎo
取消 qǔ xiāo

取：此字意为抓住（又）某人的耳朵（耳），含有疏忽、抓紧、抓住之意。图中所示进一步说明“取”字的含义。

1	2	3	4	5	6	7	8
一	𠃌	𠃎	𠃎	𠃏	耳	耳フ	取

兄 xiōng

兄弟 xiōng dì
兄长 xiōng zhǎng
长兄 zhǎng xiōng

兄：“兄”这个概念是由“人”字与“口”字组成。“兄”字刻画的是一个人（人）张开大嘴（口），也指一有权劝诫或管教自己兄弟的兄长。图中所示的是一位兄长在大声训斥他的弟弟或妹妹。此种现象在现实中常见。

1	2	3	4	5
丨	𠃍	口	尸	兄

八 bā

八仙 Bā Xiān　八月 bā yuè
八字 bā zì

八：从字面上看，“八”字象征划分或分离。它由两个独立的笔划组成一个对称的字形“八”。也许是因为“8”这个数字最容易被多次划分，所以才会以“八”（划分）来代表阿拉伯数字的“8”。此字最初的篆体写作“八”，很凑巧，它正好也是八笔。

丿	八
1	2

兑 duì

兑付 duì fù　兑换 duì huàn
兑现 duì xiàn
兑换表 duì huàn biǎo

兑：“兑”字最初是说话、祈祷或欣喜之意，由代表长兄的“兄”字和“八”字组成。指的是哥哥（兄）的训斥（八）会被振奋人心的话语所替代。而今天，在这个金钱为主导的社会中，此字的含义也产生了变化，指兑换金钱或物品的交换。

丶	丷	丷	丷	口	户	兑
1	2	3	4	5	6	7

十 shí

十分 shí fēn
十月 shí yuè
十二月 shí èr yuè
十一月 shí yī yuè
十字架 shí zì jià
十万 shí wàn
十足 shí zú

十："十"字是一种彻头彻尾的象征，指代的是两种尺度（即"一"和"丨"），含有东、西、南、北、中的意思。同时还是汉字的计数单位，囊括了其他十进位的简单数字。正如图中所示的那样，它可以用在数字及一定范围之内的事物上来表示一种完整、完全的意义。

一	十
1	2

十

古 gǔ

古巴 Gǔ Bā
古典 gǔ diǎn
古怪 gǔ guài
古旧 gǔ jiù
古代 gǔ dài
古董 gǔ dǒng
古国 gǔ guó

古："古"这个字用于修饰那些经过"十"代人"口"传的事，包括那些非常陈旧、古老的事或物。有些是有价值的，有些价值很低，还有些毫无价值。图中所示的是一件可能有价值的事通过十张嘴流传的一个过程。

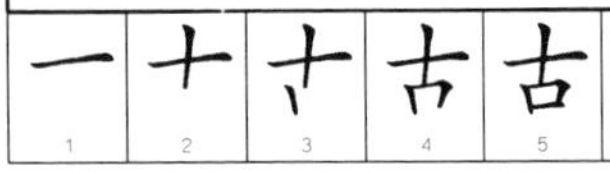

心 xīn

心爱 xīn 'ài　　心得 xīn dé
心烦 xīn fán　　心理 xīn lǐ
心目 xīn mù　　心情 xīn qíng
心思 xīn si

心："心"字最初就是一颗心脏的形状。它的膜囊部分向上张开形成"心"，在下面再加上一条大动脉就成了"心"形。经过演变的"心"则为今天的"心"字提供了雏形。心脏是人体的关键器官。心是用来决定人的善或恶的动机。所以，人们应牢记一句古老的成语："口蜜腹剑。"

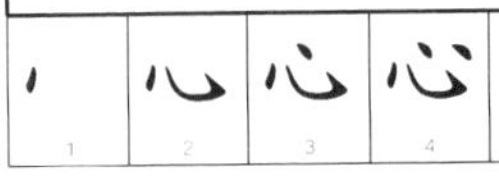

怒 nù

怒斥 nù chì　　怒吼 nù hǒu
怒火 nù huǒ　　怒气 nù qì
怒容 nù róng　　怒色 nù sè
愤怒 fèn nù

怒："怒"这个不吉利的字是由"奴"字和"心"字组成的，意指生气或愤怒，给人一种警告。这个字提醒人们不要发怒，否则你就会变成"心"的奴隶和女仆"奴"。

怕 pà

怕人	pà rén	怕生	pà shēng
怕死	pà sǐ	怕羞	pà xiū
害怕	hài pà	怕事	pà shì

怕：表示恐惧的这个字的形旁是“忄”，即“心”字的变形；声旁是“白”字，由“白”和“心”组成的字就是“怕”。“白色的心”字面意思是害怕或缺乏勇气。有时由于一时害怕会使原本勇敢的人变得特别胆小，就像图中所示的那样。

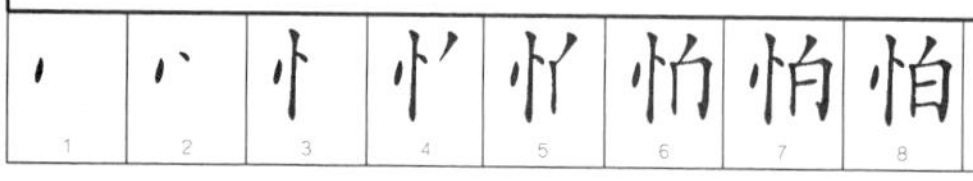

身 shēn

身材	shēn cái	身份	shēn fèn
身价	shēn jià	身躯	shēn qū
身世	shēn shì	身体	shēn tǐ
身心	shēn xīn		

身：此字最早的意思为“怀孕”，它描绘的是一个怀孕的妇女挺着肚子，一条腿跨向前以保持身体平衡，即“身”。现在的“身”字意指“躯体”，不论男女，也不论肚子大小都通用。在这里我们画出一对大肚子的夫妇形象——只是肚子大，可不一定怀孕啊。

自

zì

自白	zì bái	自动	zì dòng
自杀	zì shā	自首	zì shǒu
自传	zì zhuàn	自己	zì jǐ
自立	zì lì		

自：因为“鼻子”是脸部最突出的器官，所以它被用来代表“自我”。通过象征的手段，鼻子状的象形文字已不再仅是“鼻子”之意，而是表示自己、自我之意。图中所强调的是两人争吵时，鼻子起着决定性的作用。

1	2	3	4	5	6 自

齿

chǐ

齿轮	chǐ lún	齿腔	chǐ qiāng
齿痛	chǐ tòng	齿龈	chǐ yín
牙齿	yá chǐ		

齿：这个字的演化过程看起来如同人们打了一场败仗。最早的字形是一张布满牙齿的嘴“”，后来，就只剩下了门齿，即“”。后来的牙被削尖，又加上“止”音，就成了“齒”，简化的“齿”字把牙齿减少到只剩下一颗。在这一系列缩减中，唯一让人感到欣慰的是戴着假牙也不影响说真话。

1	2	3	4	5	6	7	8 齿

止

zhǐ

止步 zhǐ bù　　止境 zhǐ jìng
止渴 zhǐ kě　　止咳 zhǐ ké
止痛 zhǐ tòng　　止血 zhǐ xuè
停止 tíng zhǐ

止：虽然这个字的形状像一只只有三个脚趾的脚，但它并不表示“脚”的意思。它的意思为停顿、停止。图中所示表明了在紧急情况下脚可以十分方便地用来表达停止之意。

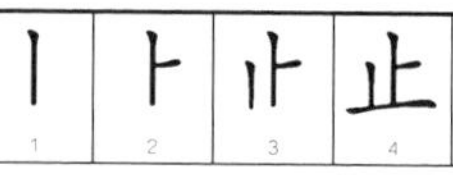

正

zhèng；zhēng

正当 zhèng dàng　　正派 zhèng pài
正确 zhèng què　　正式 zhèng shì
正统 zhèng tǒng　　正义 zhèng yì
正月 zhēng yuè

正：“正”这个字是一只脚“止”（表示“停”的意思）加上一条横线（一）就是“正”，表示在适当的限度（一）内停下来不至于误入歧途。这也是一个表意字，即一只脚沿着直线走即为“正”，引申为直的、适度的、正确的意思。

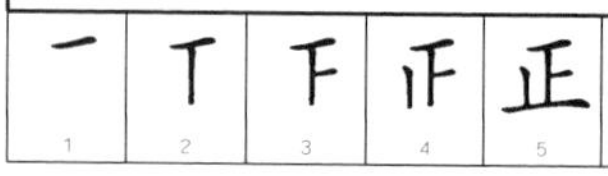

是

shì

是的	shì de	是非	shì fēi
是否	shì fǒu	是故	shì gù
不是	bù shì		

是：这个表意文字是把表示太阳的"日"字放在表示正确的"正"（后修改为"疋"）字上形成的。这个字描绘的是太阳（日）位于子午线上的样子（是）。太阳在这里表示正确的意思。因此，这个字的意思为"对"或"是"。

走

zǒu

走动	zǒu dòng	走狗	zǒu gǒu
走廊	zǒu láng	走路	zǒu lù
走私	zǒu sī	走失	zǒu shī

走：此字最初的篆体为"走"。上半部分"夭"（或写作"土"），象征一个人。他低着头（大），快步向前"丿"。下半部分的"止"（或写作"龰"）表示停。"夭"和"止"组成"走"。这个动作同样也解释为在快步行走时脚或脚趾弯曲"夭"（土）。这里画出了一群人物，从中可以看出，止（龰）在此表示走、跑、逃等概念，唯独不当停讲。

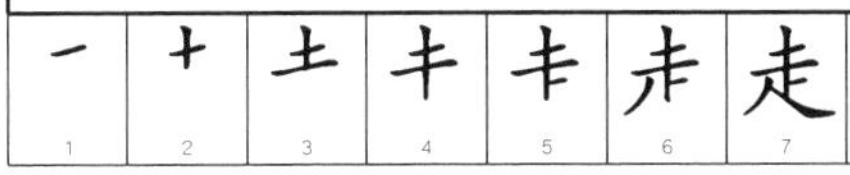

土 tǔ

土地 tǔ dì　土匪 tǔ fěi
土话 tǔ huà　土壤 tǔ rǎng
土人 tǔ rén　土质 tǔ zhì
泥土 ní tǔ

土：人们依靠土地而生存。对人们来说，土地是由两层（二）构成的，即表土层和底土层—植物就是在这里生根发芽（丨），这就是"土"。所以"土"就是为人们提供一切生长的大地。本图中所绘的便是一些土地的产物。

一	十	土
1	2	3

坐 zuò

坐牢 zuò láo　坐落 zuò luò
坐视 zuò shì　坐位 zuò wèi
坐下 zuò xià　请坐 qǐng zuò

坐："坐"这个表意字描绘的是两个人面对面（从）坐在地上（土）。虽然偏旁"土"字为这两个人"从"提供了"坐"的地方，但正如图所示的那样，它还可以表示出一种不劳作时的情形。

丿	人	人丿	从	从一	坐	坐
1	2	3	4	5	6	7

出 chū

出版 chū bǎn　出产 chū chǎn
出国 chū guó　出境 chū jìng
出口 chū kǒu　出来 chū lái
出卖 chū mài

出："𡳿"字最初展现的是一株植物（屮）从土地（凵）伸展出来并绽开花朵的样子。这个动词重点用来强调"出去"这个动作。我们图中的施动者与受动者的声音已经对"出"这个概念做出了形象的描述。

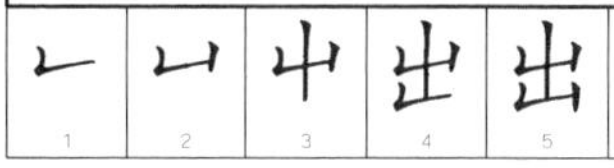

生 shēng

生病 shēng bìng　生存 shēng cún
生动 shēng dòng　生活 shēng huó
生理 shēng lǐ　生命 shēng mìng
生气 shēng qì

生："土"地中生长出植物（屮），就形成了"生"字的雏形"生"。简化后写作"生"，意为生产、出生或生长。人们都是在不同的方式与方向下生长的，我们图中所举的就是三代人的例子。

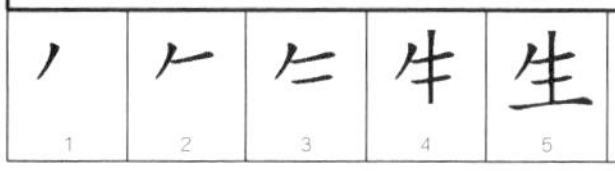

姓 xìng

姓名　xìng míng　　姓谱　xìng pǔ
姓氏　xìng shì　　百姓　bǎi xìng
贵姓　guì xìng

姓："姓"这个字包括"女"字和"生"字两部分，字面意思为"女性所生"。它表示在遥远的远古时代，出生的孩子都要取母姓。所以姓名的"姓"由"女"与"生"组成。图中所示的是远古的一个以李为母姓的家族，他们已经忘却那微不足道的父姓了。

贝 bèi

贝雕　bèi diāo　　贝壳　bèi ké
贝类　bèi lèi　　贝玉　bèi yù
贝子　bèi zi

贝：象形文字"贝"表示的是一个珍贵的贝壳。贝壳在封建社会早期被当作货币来使用，它表示"值钱"的意思。"贝"字正规的写法为"贝"，表示的是一个有两只触角活着的贝类动物。但是，就像它当初作为钱使用时中间是空的那样，今天所用的简体"贝"字中间也是空的。

贱 jiàn

贱价 jiàn jià
贱卖 jiàn mài
贫贱 pín jiàn

贱：两只长矛"戋"捣碎有价值、曾作为货币使用的贝壳（贝），就表示便宜的、不值钱及谦卑的意思。人们用这个字形容那些不值钱的东西。有句俗话说得很明白"便宜没好货，好货不便宜"。有时人们也用这字来自嘲。

丨	冂	贝	贝	贝一	贝二	贱	贱	贱
1	2	3	4	5	6	7	8	9

贵 guì

贵宾 guì bīn　　贵妇 guì fù
贵姓 guì xìng　　贵重 guì zhòng
贵族 guì zú　　宝贵 bǎo guì

贵：一个装满珍贵货币（贝）的篮子或容器（虫）（或写作"臾"）就表示昂贵的意思，引申为高级的或值得尊敬的。在此鄙人（贱）感谢尊敬（贵）的读者阅读此书，并对这本双语读物感兴趣。

丶	冖	口	中	虫	虫	贵	贵	贵
1	2	3	4	5	6	7	8	9

水 shuǐ

水彩 shuǐ cǎi　　水池 shuǐ chí
水沟 shuǐ gōu　　水管 shuǐ guǎn
水果 shuǐ guǒ　　水库 shuǐ kù
水泥 shuǐ ní

水："水"，一种天然的能量源泉，它的象形文字是由涌动的水组成的，包括一条主流和四个漩涡（氵）。另有一种不同的写法，即只写三个点的"氵"旁。此"氵"作为字根，用于和水相关的许多字。至今仍流传着一句谚语："水能载舟，亦能覆舟。"

亅 刁 水 水
1 2 3 4

永 yǒng

永生 yǒng shēng　　永别 yǒng bié
永不 yǒng bù　　永固 yǒng gù
永恒 yǒng héng　　永久 yǒng jiǔ

永：人世是随着一代代人的生死轮回而变化的。但是水不同，它总是在不停息地周而复始地流动。水的这种不间断流动的特点形成了表意文字"**水**"。"**永**"字是"**水**"的变种，就是在"水"字上加上气泡和涟漪写作"**永**"。"永字八笔"将使人们永远记住"永"字。

丶 亅 刁 永 永
1 2 3 4 5

冰 bīng

冰雹	bīng báo	冰川	bīng chuān
冰岛	bīng dǎo	冰冻	bīng dòng
冰块	bīng kuài	冰冷	bīng lěng
冰凉	bīng liáng		

冰："冰"字最早写作"仌"，指冰表面的裂缝或晶体。"仌"字旁描绘的是滴水成冰的概念。把"冫"字旁加在"水"字旁边，就使"冫"凝结成了"水"。图中所示是冰的比喻意义，把"冰冷"和"火热"放在一起作了形象的对比。

1	2	3	4	5	6
丶	冫	冫	冫	冰	冰

雨 yǔ

雨点	yǔ diǎn	雨季	yǔ jì
雨量	yǔ liàng	雨伞	yǔ sǎn
雨水	yǔ shuǐ	雨天	yǔ tiān
雨衣	yǔ yī		

雨："雨"这个字是由天空中(一)云层里(冂)垂直(丨)掉下来的雨点(::)组成的。不过不是所有的人都像求雨者那么喜欢下雨，正如谚语所言："农民盼雨天，游客盼晴天"。

1	2	3	4	5	6	7	8
一	丆	冂	币	币	雨	雨	雨

云 yún

云彩 yún cǎi　　云层 yún céng
云雾 yún wù　　云霞 yún xiá
云霄 yún xiāo　　云烟 yún yān
白云 bái yún

云：当湿热的蒸汽(云或厶)上升遇到低温，就会凝结成"云"。把"云"字和"雨"字合在一起就成了繁体字的"雲"。简体字中去掉了其中的"雨"字，把它简化为"云"。

1	2	3	4

雪 xuě

雪白 xuě bái　　雪崩 xuě bēng
雪恨 xuě hèn　　雪花 xuě huā
雪茄 xuě jiā　　雪景 xuě jǐng
雪亮 xuě liàng

雪：此字的篆体是把"雨"和"彗"(扫帚之意)合在一起而成的，即"䨮"。今天的"雪"字由"雨"和"彐"(简化的"彗")组成。这两种字形都很适合用来表示雪，即可以捧在手里(彐)或用扫帚扫(彗)的雨。

1	2	3	4	5	6	7	8	9	10	11

电 diàn

电报	diàn bào	电池	diàn chí
电工	diàn gōng	电话	diàn huà
电流	diàn liú	电脑	diàn nǎo
电视	diàn shì		

电：一道闪“电”在“雨”中划过就形成了表示闪电的“雷”字。闪电是一种可见的放电现象。“雷”也可以指一般的电。经过锐减，闪电还是在放电中失去了十三笔中的八笔，成了简体的“电”。

1	2	3	4	5
丨	冂	曰	曰	电

雷 léi

雷达	léi dá	雷鸣	léi míng
雷声	léi shēng	雷雨	léi yǔ
打雷	dǎ léi	地雷	dì léi
水雷	shuǐ léi		

雷：经验告诉人们，当一块雨云（雨）位于田地（田）上空的时候，闪电的吼声——“雷”就要响起来。最初的“雷”字由三个或者四个田字（畾）组合起来表示雷声的回荡，对人们来说，雷声是靠闪电使人印象深刻的。

1	2	3	4	5	6	7	8	9	10	11	12	13
一	厂	冖	币	币	币	币	币	雨	雨	雨	雷	雷

伞	**sǎn**

伞兵　sǎn bīng　　雨伞　yǔ sǎn
降落伞 jiàng luò sǎn

伞:此字为象形文字,即“傘”,象征着伞下所避藏的四个人。但作为部首的“人”字与此字的原形(即“傘”)没有任何关系。正如谚语所说的:“天晴需备伞,肚饱需备粮。”

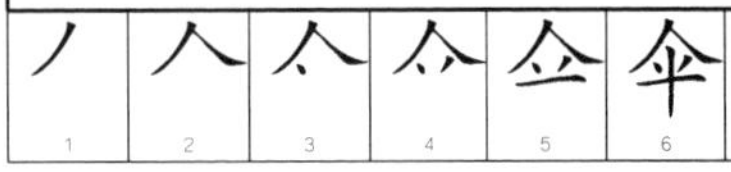

川	**chuān**

川资　chuān zī
四川　Sì Chuān

川:“大川”。从不拒绝小河的汇入。当河流蜿蜒流过干旱的土地时,会给田野注入生命力,使土地不断受到滋润。河川被恰当地描述为小溪合并成的支流“巛”。现在的“川”字使用一种不同的写法“巛”来作为其他字的字根。

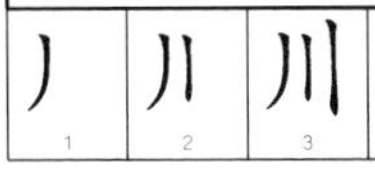

山

shān

山顶	shān dǐng	山歌	shān gē
山谷	shān gǔ	山脉	shān mài
山坡	shān pō	山头	shān tóu
山崖	shān yá		

山：一座有三个高峰的山脉，提供了表示山脉或山坡的象形文字"山"的雏形。从一个制高点，人们可以轻易地看到低谷中容易被忽视的事物。正如谚语中所说的："不登高山，不知天下之大也。"

鸟

niǎo

鸟巢	niǎo cháo	鸟瞰	niǎo kàn
鸟类	niǎo lèi	鸟笼	niǎo lóng
鸟爪	niǎo zhǎo	鸟兽	niǎo shòu
小鸟	xiǎo niǎo		

鸟：繁体字"鳥"指的是一种长尾的鸟。它洋洋得意地炫耀自己的美丽和自由自在。不幸的是，漂亮对鸟来说并不总是一种资本。俗话说："漂亮之鸟笼中养"。以今天简体的鸟字来看，可怜的鸟儿已经褪去了它的羽毛，最终成了"鸟"字。

岛

dǎo

岛国　dǎo guó　　岛屿　dǎo yǔ

半岛　bàn dǎo　　群岛　qún dǎo

岛：海鸟总是在海中耸立的礁石上筑巢，因此把“鳥”字写在“山”字上就表示“島”的概念。古代的岛字展现的是一只伸着爪子盘旋于山上的“島”。现在的“島”字表明一只收回了脚的鸟在山上安了家。它大概是在孕育简体的“岛”字吧。

㇒	𠂊	勺	鸟	鸟	岛	岛
1	2	3	4	5	6	7

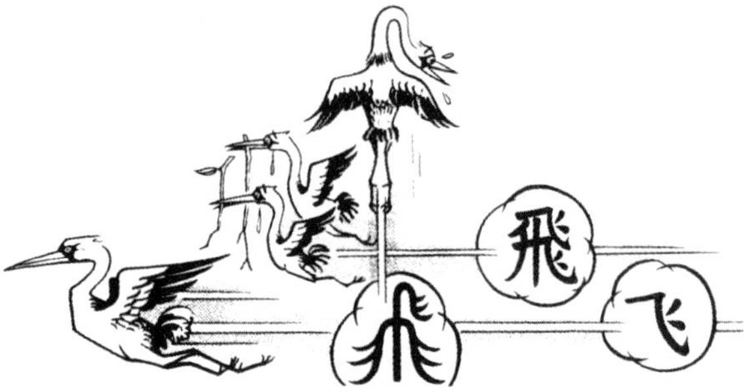

飞

fēi

飞行员　fēi xíng yuán

飞禽走兽 fēi qín zǒu shòu

飞：创造这个字的灵感来源于鹤的迁徙飞行。它的长脖子将自身弯成“飛”型。后来这个字由九画的繁体“飛”简化为三画的“飞”字。

㇈	飞	飞
1	2	3

羽 yǔ

羽毛　yǔ máo
羽毛球 yǔ máo qiú

羽：此字指鸟类艳丽的羽毛，由一对翅膀组成。羽字的写法历来没有多大的变化。从最初的"羽"到"羽"，再到最终的"羽"字，猛一看上去它们都差不多。我们举出了一些近看鸟羽的图案以确认这一点。

习 xí

习惯　xí guàn　　习气　xí qì
习俗　xí sú　　习题　xí tí
习性　xí xìng

习：这个表意文字是由"羽"字与"自"（后缩写为"白"）字组成，使人联想起一只正在自学飞翔的鸟。其引申为练习的意思。像鸟学飞一样，人们也在试着加快简化"習"字复杂结构的过程，用一只翅膀来表示"习"。如果鸟学人只用一支翅膀来飞，那就惨了。

扇

shàn;shān

扇动 shān dòng　扇惑 shān huò
扇形 shàn xíng　扇子 shàn zi
一扇门 yī shàn mén

扇:这个表意文字由代表翅膀的“羽”字和代表大门的“户”字组合而成。因这两个物体都可以像扇子一样展开,所以用这两部分来强调“扇”字是最合适不过了。另外,人们用于装饰的物品很多也是用“羽”来制作的。

鱼

yú

鱼饵 yú ’ěr　鱼钩 yú gōu
鱼雷 yú léi　鱼鳞 yú lín
鱼群 yú qún　鱼网 yú wǎng
鱼肝油 yú gān yóu

鱼:“鱼”字为象形文字。鱼吃鱼的生活习性给予人们启迪,正所谓:“大鱼吃小鱼,小鱼吃虾米,虾米吃污泥。”“鱼”字的尾巴原是“火”字。大概是因为鱼一般被人用火烤熟了吃的缘故吧。

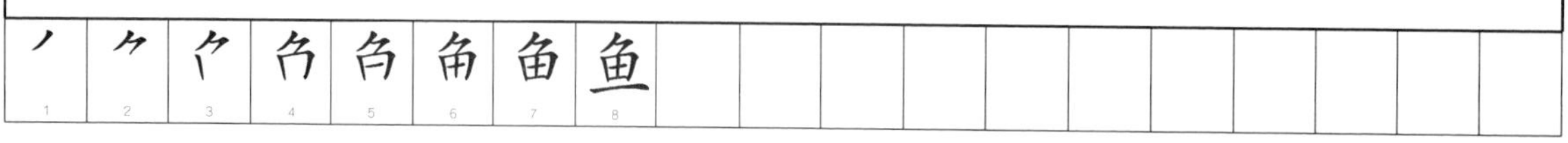

渔 yú

渔村 yú cūn　　渔夫 yú fū
渔港 yú gǎng　　渔歌 yú gē
渔民 yú mín　　渔业 yú yè
渔舟 yú zhōu

渔：“鱼”和“水”（氵）是钓鱼（渔）所必不可少的两个条件。古代的“渔”字所展现出的是大量的水和鱼“漁”。简化后鱼与水的数量均只剩一，可能是因为已经把鱼钓上来了吧。

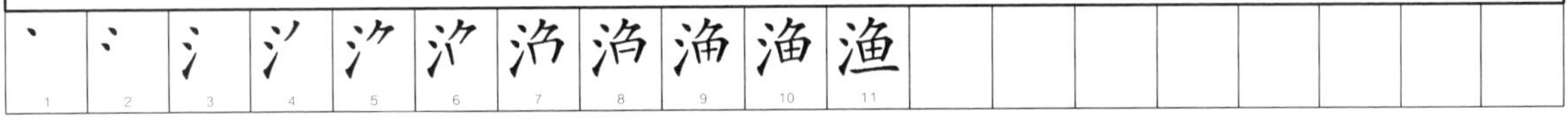

鲁 lǔ

鲁钝 lǔ dùn
鲁莽 lǔ mǎng

鲁：为了表示单纯或愚蠢之意，人们创造了这个字，把一个表示鼻子的“自”（后简化为“曰”）字放在一个“鱼”字之下，这样拼凑的结果就是一条没有嗅觉和感觉的大鼻子哑巴鱼“鲁”。而傻人恰恰就像只看到鱼饵而看不见鱼钩的傻鱼一样笨。

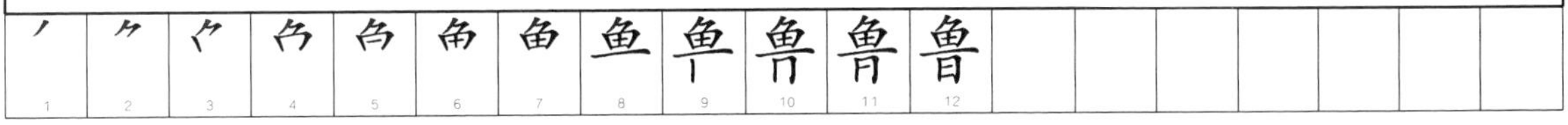

羊 yáng

羊角	yáng jiǎo	羊毛	yáng máo
羊排	yáng pái	羊皮	yáng pí
羊群	yáng qún	羊肉	yáng ròu

羊：因为天性温顺，所以“羊”是一个很恰当的表示温和的符号。它的象形文字呈现出很平衡的结构。早期的“羊”字展现的是一个从正面看的羊头的形状，后来经过修改加入了犄角、耳朵、腿和尾巴几部分。当加入这几部分后，羊尾巴便被削去成了“⺶”。

鲜 xiān

鲜果	xiān guǒ	鲜红	xiān hóng
鲜花	xiān huā	鲜美	xiān měi
鲜明	xiān míng	鲜奶	xiān nǎi
鲜血	xiān xuè		

鲜：这个字是由“鱼”肉和“羊”肉两部分组成。尽管肉类可以通过腌制、烘干或熏制来保存，古人仍首选吃新鲜的羊肉或鱼肉，因此，“鱼”字与“羊”字一起就成了表示新鲜的“鲜”字。换句话说，肉已经变得等同于鲜了。

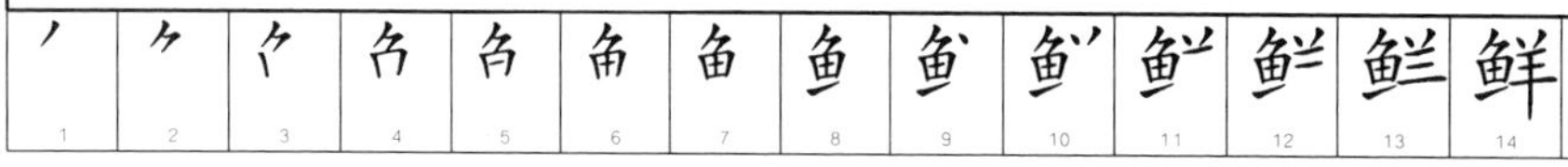

美 měi

美观	měi guān	美好	měi hǎo
美化	měi huà	美景	měi jǐng
美丽	měi lì	美梦	měi mèng
美妙	měi miào		

美：这个结构比例优美的字是由“羊”字加上“大”字而组成。“大”本指一个人长大；“羊”是一种性情温顺，为人所喜爱的动物。这个象形文字表示一个如同羊一般温顺的成年人即被认为是受人尊敬的人，是美的。

义 yì

义愤	yì fèn	义务	yì wù
义演	yì yǎn	意义	yì yì
正义	zhèng yì		

义：当正义成风时，好斗的“我”（“手”中握着长矛“戈”）就会变得屈服得如同一只驯服、温和的羊。因此“義”字证明了它代表的是正确的行为。后来，“義”字被简化到了只剩三画，使它成为一个表示简单、完美及公平正义的“义”字。

洋 yáng

洋葱	yáng cōng	洋行	yáng háng
洋化	yáng huà	洋灰	yáng huī
洋人	yáng rén	洋溢	yáng yì
海洋	hǎi yáng		

洋：虽然“羊”字是声旁，但它也对强调“洋”字的意思起作用。羊是生长在内陆的动物，在远离大洋的草原上放牧。因此，远离“羊”的“水”（氵）就表示海洋的“洋”。洋字还引申为外国，即大洋彼岸之意。

1 2 3 4 5 6 7 8 9 洋

火 huǒ

火柴	huǒ chái	火车	huǒ chē
火光	huǒ guāng	火海	huǒ hǎi
火花	huǒ huā	火化	huǒ huà
火箭	huǒ jiàn		

火：两块石头磨擦就产生了象形文字“火”。这是一种摄人心魄的自然力量，它给人们带来安逸的同时也带来了一定的灾难。燃烧的火光总是会照亮人们的生活，但火终究是易点而不易控制的，正如俗语所说的：“纸包不住火。”

1 2 3 4 火

炎 yán

炎凉 yán liáng　炎热 yán rè
炎夏 yán xià　炎炎 yán yán
炎症 yán zhèng

炎："炎"字是由两个"火"字叠加而成的。因其天然具有易煽动性，所以像野火一样，蔓延得很快，使它周围的人遭受烘烤。

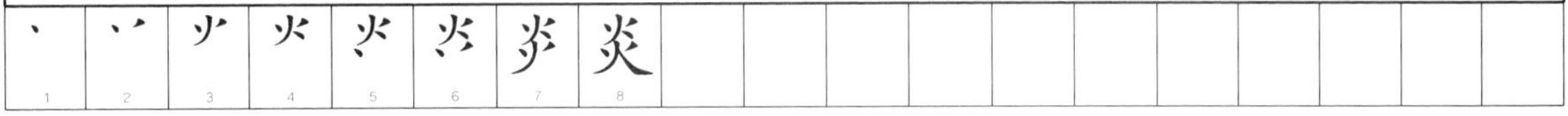

灾 zāi

灾害 zāi hài　灾患 zāi huàn
灾荒 zāi huāng　灾祸 zāi huò
灾情 zāi qíng　灾区 zāi qū

灾：人类经常遭受水灾（巛）和火灾（火）的威胁，因而一度将这些不可预知的灾害称为天灾（災）。现在的"灾"字实际上就是把"火"字写在"宀"下面，即把发生的灾害归咎于人。

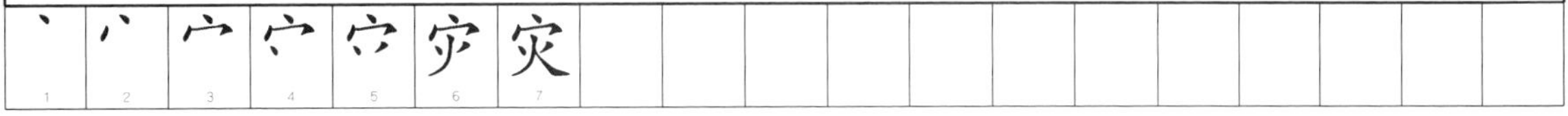

黑 hēi

黑暗 hēi àn　　黑白 hēi bái
黑板 hēi bǎn　　黑人 hēi rén
黑色 hēi sè　　黑市 hēi shì
黑夜 hēi yè

黑:“黑”字最初的篆体是火焰(炎)冒出的烟把烟窗(囱)熏黑(黑)的景象。后来烟窗的形状简化作“罒”,把炉火简化为“灬”,就成了我们今天表示黑色的“黑”字。

丨	冂	冂	罒	罒	甲	甲	里	里	里	黑	黑
1	2	3	4	5	6	7	8	9	10	11	12

墨 mò

墨迹 mò jì　　墨水 mò shuǐ
墨砚 mò yàn　　墨鱼 mò yú
墨汁 mò zhī
墨水笔 mò shuǐ bǐ

墨:中国的“墨”最早是由烟灰(黑)胶质和“土”混合而成的。把这种混合物浇铸成固体墨,以备用水来研磨成墨汁。俗话说:“好记性不如烂笔头”。这充分体现了“墨”的重要性。另外中国有句俗语:“近墨者黑”。

丨	冂	冂	罒	罒	甲	甲	里	里	里	黑	黑	黑	墨	墨
1	2	3	4	5	6	7	8	9	10	11	12	13	14	15

英 yīng

英镑	yīng bàng	英豪	yīng háo
英俊	yīng jùn	英明	yīng míng
英名	yīng míng	英雄	yīng xióng
英勇	yīng yǒng		

英：一个置身于广阔的（冖）茂密丛林（艹）中的成年人（大）的形象，就是英雄形象。“英”表示勇敢或英明。英雄总是受到人们的尊敬。勇气的来源归根结底是一句话：“艺高人胆大。”

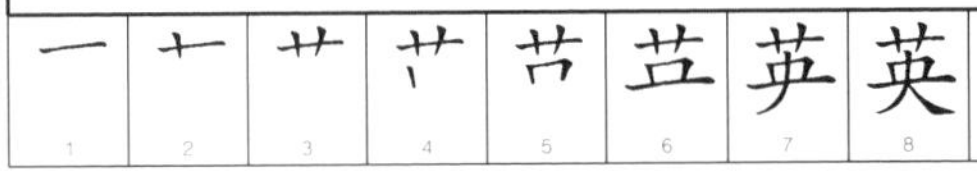

竹 zhú

竹竿	zhú gān	竹林	zhú lín
竹笋	zhú sǔn	竹子	zhú zi
山竹	shān zhú	竹叶青	zhú yè qīng

竹：“⺮”最初在象形文字中是由两片竹叶组成“⺮”。与不成器的人不同，竹子总是长得高大挺拔而成为有用的栋梁之材。俗话说：“不打不成器。”图中所示的就是怎样“从下面入手”来使人成材的。

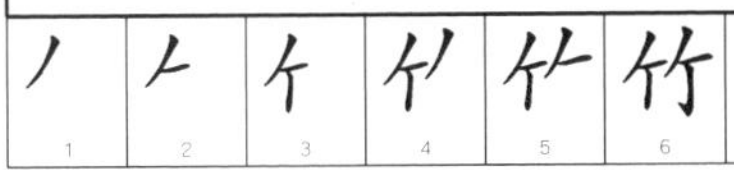

笔 bǐ

笔记 bǐ jì　　笔迹 bǐ jì
笔尖 bǐ jiān　　笔名 bǐ míng
笔墨 bǐ mò　　笔误 bǐ wù
笔战 bǐ zhàn

笔：一只手(⺕)中握笔(丨)，在书板(一)上画下一横(一)，这样构成的字就表示写字用的尖笔(聿)，加上竹字头(⺮)后就成了“筆”，后来把“筆”简化成“⺮”加上一个“毛”字。虽然繁体的“筆”与简体的“笔”不同，都可以用来写作笔，但俗话却说：“一笔同时写不出两个字。”

笑 xiào

笑话 xiào huà　　笑剧 xiào jù
笑脸 xiào liǎn　　笑料 xiào liào
笑骂 xiào mà　　笑容 xiào róng

笑：“笑”字的由来十分有趣。声旁“夭”描绘的是一个低头(丿)大笑的人(大)，表示笑得浑身颤动。“⺮”象征仿佛发笑般地在风中摇摆的竹子。笑同时也是一种重要的商业手段，如俗语中所说的：“和气生财。”

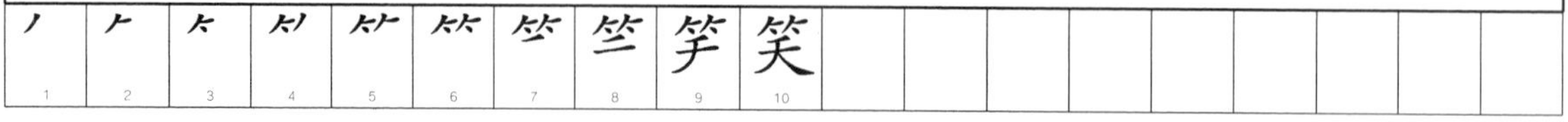

禾 hé

禾叉 hé chā　　禾虫 hé chóng
禾苗 hé miáo　　禾黍 hé shǔ
禾穗 hé suì

禾:代表谷物的“禾”指的是类似树木的植物(木),由于谷子成熟而垂下了头。谷物不仅可以提供物质食粮,还可以提供精神食粮。因为粮食越多,谷子的头就压得越低。它告诉人们,知道的越多,就应当越谦逊。

1	2	3	4	5
㇒	二	千	禾	禾

秋 qiū

秋季 qiū jì　　秋千 qiū qiān
秋色 qiū sè　　秋收 qiū shōu
秋水 qiū shuǐ　　秋天 qiū tiān
秋种 qiū zhòng

秋:秋收时节,在似“火”的骄阳之下谷物(禾)成熟了,这就是秋天的“秋”字。在中国,你可以看到人们打谷子,并把剩下没用的秸杆用“火”焚烧的情景。

1	2	3	4	5	6	7	8	9
㇒	二	千	禾	禾	禾	禾丶	秒	秋

愁 chóu

愁苦 chóu kǔ　　愁眉 chóu méi
愁闷 chóu mèn　　愁容 chóu róng
愁绪 chóu xù

愁：当一年即将过去的时候，落叶便开始提醒人们“秋”天来了。于是人们的“心”情便会因怀旧而变得沉重，即“愁”。人们明白自然界不可能不经过春天而一下子从冬天跃到夏天，也不可能不经历秋天而一下子从夏天跃到冬天。“秋”对“心”灵的影响就是愁。

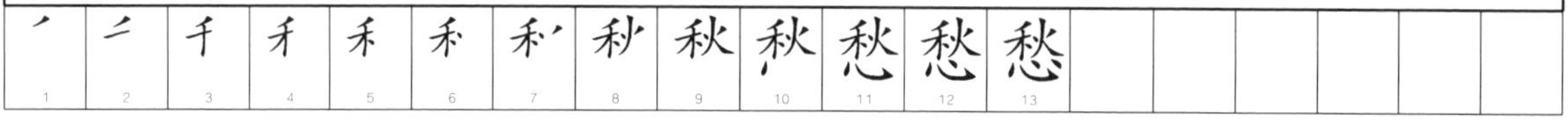

税 shuì

税额 shuì 'é　　税款 shuì kuǎn
税率 shuì lǜ　　税收 shuì shōu
税制 shuì zhì

税：人们把“禾”（谷物）字和兑（交换）字组合在一起构成了表示赋税的“税”字。显然，农民通过以谷物（禾）交纳赋税来换取（兑）他们可以享有的服务和权利。有句俗话说：“富人从不为纳税而争执。”他们只是不闻不问地等待勒索。

秃 tū

秃笔	tū bǐ	秃顶	tū dǐng
秃山	tū shān	秃头	tū tóu
秃子	tū zi		

秃：这个象形文字把人的头顶“几”比作收获后的谷（禾）田，这就是表示光秃、赤裸的“秃”字。图中所示是一位年过半百的男子，他的头顶已秃了。

甘 gān

甘草	gān cǎo	甘苦	gān kǔ
甘露	gān lù	甘心	gān xīn
甘愿	gān yuàn	甘蔗	gān zhe

甘：正如谚语所说：“饿了吃糠甜如蜜。”“甘”字所描绘的是一张嘴（口）咬着一口东西（一）的样子。甜的东西就是“甘”。“甘”字又被引申为指代任何令人感觉美好的东西，如图中所示的那样。

牛 niú

牛痘	niú dòu	牛角	niú jiǎo
牛劲	niú jìn	牛奶	niú nǎi
牛排	niú pái	牛棚	niú péng
牛肉	niú ròu		

牛：这是一个牛状的象形文字，有两只竖起来的牛角（ψ）。作为人类终生的奴隶，牛被广泛用于劳作并提供肉食、牛奶、皮革、胶质、肥料等等。直至今日，“牛”字也没能摆脱失去一角的可怜地位。

牢 láo

牢固	láo gù	牢记	láo jì
牢牢	láo láo	牢骚	láo sāo
牢狱	láo yù	坐牢	zuò láo

牢：此字的篆体描绘的是一个圈（Ω）里圈着一头劳作了一天的“牛”。今天的“牢”字，则是仁慈地给牛棚上加了一个屋顶（宀）。通过字意引申，“牢”还指关押那些社会上需要劳动改造的犯人的监狱。

半

bàn

半岛　bàn dǎo　　半价　bàn jià
半票　bàn piào　　半生　bàn shēng
半数　bàn shù　　半天　bàn tiān
半途　bàn tú

半：这个字源于一个典故，即屠夫在杀“牛”时要把牛切分（八）成平均的两半，这样就形成了表示一半的“半”字。虽然一头牛很容易切为两半，但正如谚语所说的：“一头牛不可能有两张皮。”

1	2	3	4	5
丶	丷	䒑	兰	半

伴

bàn

伴侣　bàn lǚ　　伴随　bàn suí
伴娘　bàn niáng

伴：“伴”这个表意文字是由“亻”和“半”组成的，表示一个人只是一对伙伴的一半，为了获得完整的整体，另一半是必不可少的。这就是“伴”这个字，表示同志、助手或配偶。在寻找合适的另一半时，人们应注意：“鹿与虎是永远走不到一起的。”

1	2	3	4	5	6	7
丿	亻	亻丶	亻丷	亻䒑	亻兰	伴

有

yǒu

有理　yǒu lǐ　　有力　yǒu lì

有效　yǒu xiào　　有利　yǒu lì

有功　yǒu gōng

有："有"字最初描绘的是一只拿着一块肉（肉）的手（又），表示占有或持有之意，即"有"。因为"肉"（肉）字与"月"（月）字有类似之处，人们很快便以"月"字代替了"肉"字，并向别人起誓说他希望拥有月亮。今天，在"月"字上方加上代表"手"的"ナ"，即表示拥有天下万物之意。

1	2	3	4	5	6
一	ナ	才	冇	有	有

来

lái

来宾　lái bīn　　来到　lái dào

来电　lái diàn　　来访　lái fǎng

来回　lái huí　　来客　lái kè

来临　lái lín

来："靠天种地"是一个俗语。所以人们就认为粮食的丰收是从天上"来"的。最早此字为象形字，指的是生长中的小麦或大麦。现在的"来"字由代表大米的"米"字和代表树木的"木"字组成，它同样受人欢迎。

1	2	3	4	5	6	7
一	𠃋	冖	亚	平	来	来

果 guǒ

果断 guǒ duàn　果酱 guǒ jiàng
果皮 guǒ pí　果品 guǒ pǐn
果肉 guǒ ròu　果实 guǒ shí
果树 guǒ shù

果："果"字最早描绘的是一棵结满果实的树（果）。随着树的茁壮成长，它结出了更多的果实（果），但这些均不如今天的"果"字好辨认。长熟的果子到哪里去了呢？也许"树高千尺，叶落归根"这句俗语会给我们一些启示。

课 kè

课本 kè běn　课程 kè chéng
课外 kè wài　课文 kè wén
课余 kè yú　功课 gōng kè
上课 shàng kè

课："课"表示"上课"的意思，是以"言"字和"果"字组合而成，上课是通过言语（言）的教导来取得成效，即取得成"果"。为了能接受有益的教诲，就要牢记"忠言逆耳利于行"这句话。

未 wèi

未必	wèi bì	未曾	wèi céng
未定	wèi dìng	未婚	wèi hūn
未来	wèi lái	未完	wèi wán

未："未"这个字要区别于"末"(限制之意)字。它上面的横比"末"字短，这是因为"末"字中强调上面的一画，而在"未"字中，上面一划受到压制，而没有完全展开，不能写长，这就是表示"没有"之意的"未"字。同时此字也告诫有雄心壮志的人必须有耐心，并牢记"没有嫩苗，何来参天的大树"。

一 二 キ 末 未

妹 mèi

妹夫	mèi fu	妹妹	mèi mei
表妹	biǎo mèi		

妹：声旁"未"是一棵尚未长成但已枝繁叶茂的树，表示"没"的意思。加上"女"字旁，就成了表示妹妹的"妹"字，这就是表示还没(未)成年的女子，即"妹"字。

㇛ 𡿨 女 女 女 奸 妹 妹

姐 jiě

姐夫 jiě fu　　姐姐 jiě jie

姐妹 jiě mèi　　表姐 biǎo jiě

姐："女"字旁表示女孩或妇女，声旁"且"是一把放在地上（一）的有两条档（二）的凳子（冂），这里用作表示而且的"且"字。在图中，凳子并不是区别姐姐和妹妹的唯一事物。

ㄑ 1	夕 2	女 3	如 4	如 5	如 6	姐 7	姐 8												

爱 ài

爱国 ài guó　　爱好 ài hào

爱护 ài hù　　爱怜 ài lián

爱惜 ài xī

爱：繁体的"愛"字，是由"爫"（表示吸入）、"心"（表示心脏）和"夂"（表示温柔的动作）组成的。意指爱情从心中产生并使人们采取亲昵的动作。经过简化后的"爱"字，主要指代友爱。友（手（ナ）拉手（又）的合作）是一种更现实的爱。不管爱的形式如何，人们不可能总是无私奉献自己的爱心，因此记住谚语所说的："要想被人爱，必须要懂得去爱别人。"

ノ 1	〃 2	𠂉 3	爫 4	爫 5	爫 6	爫 7	爭 8	爱 9	爱 10										

想 xiǎng

想到 xiǎng dào　想来 xiǎng lái
想念 xiǎng niàn　想起 xiǎng qǐ

想：这个字由“相”（相互之意）和“心”（心脏之意）组成。声旁表示一只眼睛（目）躲在树（木）后观察可能发生的危险情况，象征检查或观察之意。它与表示心脏或心灵之意的“心”字合在一起就成了“想”字，表示在心里观察，即思考、考虑和希望的意思。

一	十	才	木	木丨	朩	相	相	相	相	想	想	想
1	2	3	4	5	6	7	8	9	10	11	12	13

忆 yì

回忆 huí yì　记忆 jì yì
记忆力 jì yì lì

忆：声旁“意”指“心”灵的声“音”，即意图或想法。在表示思想的“意”上再加上一个心（“忄”旁），则表示再度地想——反省或回忆，即“憶”。为了便于记忆，简体字中把“心”（忄）和表示第二之意的“乙”合在一起成为“忆”字。

丶	丷	忄	忆
1	2	3	4

忘

wàng

忘本　wàng běn　忘掉　wàng diào
忘怀　wàng huái　忘记　wàng jì
忘情　wàng qíng　忘我　wàng wǒ
忘形　wàng xíng

忘："忘"字的声旁"亡"指一个躲进（入）隐藏地（乚）的人，表示不见或毁灭之意，即"亾"，在底部加上"心"字则强化了表示"忘记"或停止思考的意思。这就是表示忘记的"忘"字。

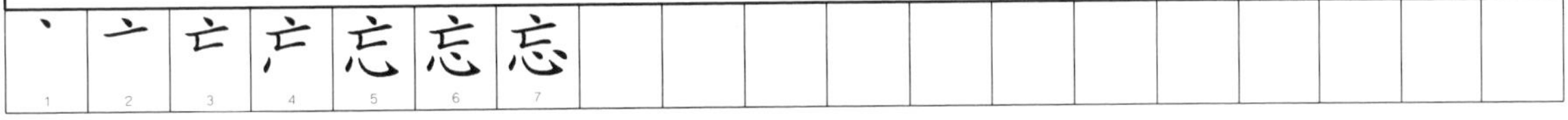

聪

cōng

聪慧　cōng huì
聪明　cōng míng
聪颖　cōng yǐng

聪：这个字通过加入"耳"表示听得很快，想得很快，这就是聪明或聪慧。简体字中灵活地把表示耳朵的"耳"字和表示总和的"总"字合起来，以此表示在聆听或理解事物时机敏的意思，即"聰"。

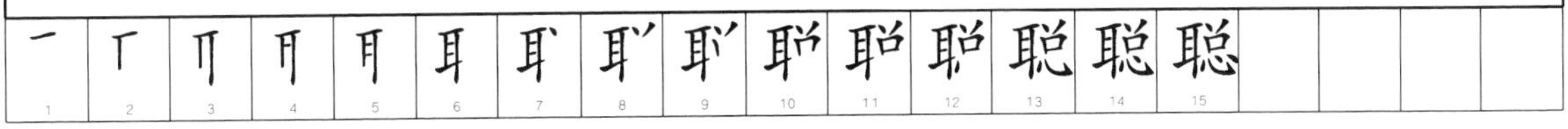

慧

huì

慧心　huì xīn　　慧眼　huì yǎn

智慧　zhì huì

慧：手中（彐）拿着两条长满叶子的树枝（丰丰）就组成了一把扫帚（彗）。将扫帚（彗）放在“心”上就表示智慧和聪明，这就是“慧”字。一颗打扫干净的心，准备去接受一个格言式的忠告：“人们为什么不能像天天梳理头发那样每天清洗他的心灵呢？”

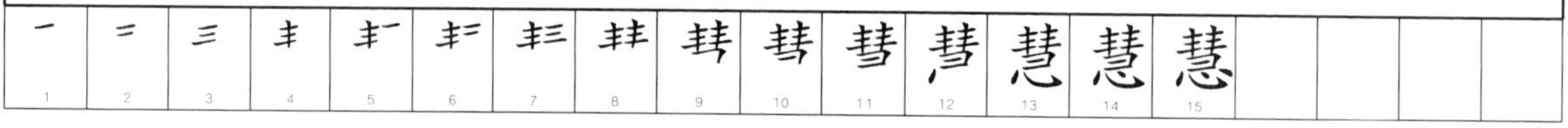

恶

ě; è; wù

恶毒　è dú　　恶化　è huà

恶劣　è liè　　恶习　è xí

恶心　ě xīn　　恶意　è yì

可恶　kě wù

恶：在表示丑的意思的声旁“亞”中，两竖被双写表示不完美的或畸形的意思，水平的两条线（二）表示第二或次等之意。象形文字“二”象征两个面对面的驼背者，指丑陋。“亞”字与“心”字合在一起就成为表示邪恶的“惡”字。请记住这个忠告：“不要听，不要看，不要说邪恶的事，也不做邪恶的事。”

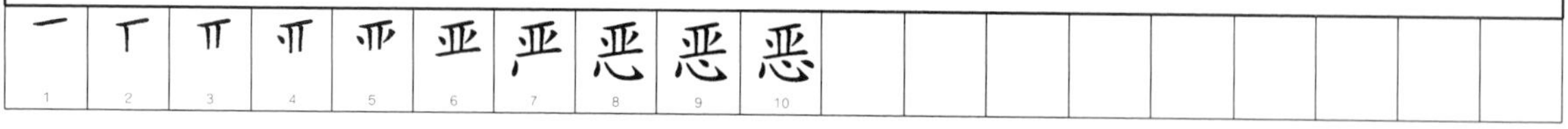

恩 ēn

恩爱	ēn 'ài	恩德	ēn dé
恩典	ēn diǎn	恩惠	ēn huì
恩情	ēn qíng	恩人	ēn rén

恩：为什么一个成年人（大）会被囚禁在一个小牢房（口）中？答案就是表示原因或理由的“因”字。这个被关的人会引起别人心中（心）的同情。如果由于同情心而使关在牢中的人获得解放的话，这就是恩典或怜悯。这也是把“因”字与“心”字合在一起作为恩典的“恩”字的原因。

1	2	3	4	5	6	7	8	9	10
丨	冂	冃	冄	因	因	因	恩	恩	恩

合 hé

合唱	hé chàng	合法	hé fǎ
合格	hé gé	合伙	hé huǒ
合计	hé jì		

合：这个字的上半部分是由三笔构成的一个等边三角形（亼）组成，下半部分是表示嘴的“口”字。这就是“合”字。三张嘴（口）合（亼）在一起，即联合或互相理解。三个人意见一致是很少见的。所以，俗话说：“三人齐心，黄土变金。”

1	2	3	4	5	6
丿	人	亼	今	合	合

佥 qiān

佥谋 qiān móu
佥议 qiān yì

佥："僉"是由表示一起的"亼"和表示嘴的"吅"及表示人的"从"这三部分组成。"亼"表示合在一起，描述吵闹的声音，"从"指一前一后两个人，因此，"僉"表示一致或一起的意思。巧合的是"僉"字的结构与人脸部的结构很相近，因此加上"月"旁的"僉"字就成了"臉"字。

丿	人	亼				佥
1	2	3	4	5	6	7

今 jīn

今后 jīn hòu
今天 jīn tiān
今昔 jīn xī
今年 jīn nián
今生 jīn shēng

今：这个有关时间的字是由"亼"和"フ"("及"的缩写)组成的。"亼"表现出了时间的连续性，将昨天、今天、明天三者相连。"及"(或"フ")是一只抓住"人"的手(又)，表示联系。这就是我们必须把握的今天的"今"字。

丿	人	亼	今
1	2	3	4

念 niàn

念经	niàn jīng	念头	niàn tou
念珠	niàn zhū	观念	guān niàn
怀念	huái niàn		

念：组成“念”字的成分是表示现在的“今”字和表示心脏的“心”字。“念”通过朗读、背诵、吟唱等手段进入人们的心中。它引申的意思包括想、学、回忆，甚至于希望恢复过去。

1	2	3	4	5	6	7	8
丿	人	亼	今	今	念	念	念

贪 tān

贪婪	tān lán	贪图	tān tú
贪污	tān wū	贪心	tān xīn
贪赃	tān zāng		
贪便宜	tān pián yi		

贪：值钱（“贝”一种货币）东西的存在（今）会引起人的贪求或贪婪感，这就是“贪”字。而这种贪欲既能使人得到金钱买不到的东西，也能使人失去用金钱换不来的东西。

1	2	3	4	5	6	7	8
丿	人	亼	今	今	贪	贪	贪

金 jīn

金融 jīn róng　　金色 jīn sè
金鱼 jīn yú　　白金 bái jīn
黄金 huáng jīn　　金字塔 jīn zì tǎ

金：此字最初写作“金”，展现的是现在（今）埋在“土”（土）里的四块金子（∷）。繁体字中把金块减为两个，即“金”字。在简体字中，则连这仅剩的两块金子也省略了，写作“钅”。但不管怎么减，总还是像俗话所说的那样：“真金不怕火炼，只怕贼偷。”

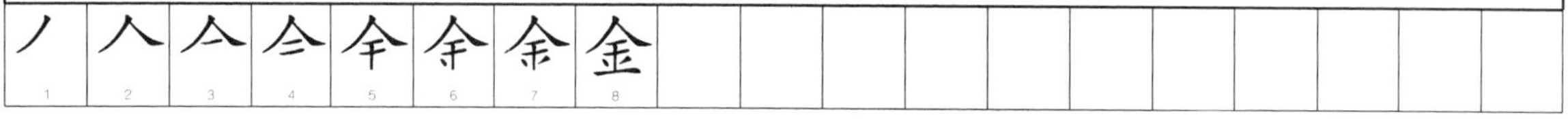

银 yín

银杯 yín bēi　　银币 yín bì
银行 yín háng　　银河 yín hé
银婚 yín hūn　　银幕 yín mù

银：“银”字是由“金”（表示金子）字和“艮”（表示艰难）两部分组成。“艮”原来是一只眼睛（目）突然转过来（匕）用挑衅的目光注视着别人的脸，表示“固执”的意思。与金子相比，银子比金子（金）坚硬（艮），比铜钱要值钱得多。俗话说：“即使一个人拥有上万两白银，但他死时却连半个铜子也带不走。”

钱 qián

钱币 qián bì　　钱包 qián bāo
钱财 qián cái　　捐钱 juān qián
零钱 líng qián　　赚钱 zhuàn qián

钱：两把长矛“戋”把金子（金）切成一块一块的，就成了表示“金钱”的“钱”字，钱带有矛的弊端，表示权力，因此，当有钱人说话时，人们便安静地聆听并说：“富人的话就是真理，穷人的话就是谎言。”

1	2	3	4	5	6	7	8	9	10
							钱	钱	钱

针 zhēn

针对 zhēn duì　　针灸 zhēn jiǔ
针线 zhēn xiàn　　针眼 zhēn yǎn
针织 zhēn zhī　　打针 dǎ zhēn

针：这个字最初写作“針”，是由“金”（一种金属）字和“咸”（表示咬）字合成的。简体的“针”字有一点好处，将声旁用“十”这个表示穿了线的针的字来替换，提醒我们不要贪多嚼不烂。正如谚语所言：“没有两头尖的缝衣针。”

1	2	3	4	5	6	7
						针

钉 dīng

钉锤 dīng chuí　　钉帽 dīng mào

钉耙 dīng pá　　钉鞋 dīng xié

钉子 dīng zi

钉：这个字最初是一枚“丁”子状的象形文字。加了“金”字旁后，写作“釘”，后简化为“钉”。“丁”字自身表示一个强壮的成年男子或士兵。某种意义上来说，钉子就像士兵一样强壮、有用，但从不被人重视，就像俗语所说的：“好铁不打钉，好男不当兵。”

户 hù

户口 hù kǒu　　账户 zhàng hù

户外 hù wài　　户主 hù zhǔ

住户 zhù hù

户：“户”字是一个单叶门状的象形文字，是构成很多与门和空间有关系的字的字根。它也表示房子或家。古代门上的合页是一条作为轴心的垂直的竖条。由于经常在开关中运动，所以被引为一句名言：“户枢不蠹。”

方 fāng

方便	fāng biàn	方法	fāng fǎ
方格	fāng gé	方略	fāng lüè
方向	fāng xiàng	方形	fāng xíng
方言	fāng yán		

方：这个字最初的象形文字指的是两条船绑在一起成为平底驳船的形状（口）。这个字后被改作符号“卐”，指平面正方形中的四个区间，即地表，再后来被简化为“方”，并最终定形为“方”。方的字意拓展为表示地区、方向，甚至于指公正或在道德方面非常拘谨。

1	2	3	4
丶	亠	亍	方

房 fáng

房产	fáng chǎn	房顶	fáng dǐng
房基	fáng jī	房间	fáng jiān
房客	fáng kè	房契	fáng qì

房：“房”字是由“户”（表示门）字和“方”（表示四方）字组成的。它指有门（户）的方方正正（方）的东西，即房子或房间。在观察过房子或屋子后，可得出这样一句俗语式的结论：“即使你拥有千间房，但晚上你躺下后也只占八尺”。

1	2	3	4	5	6	7	8
丶	⺈	コ	户	户	户	房	房

斤 jīn

斤两 jīn liǎng

斤斤计较 jīn jīn jì jiào

半斤八两 bàn jīn bā liǎng

斤：“斤”字是一个斧头状的象形文字。最初表示斧头的意思，最后变成了一个重量单位，可能是由于古代的称量工具酷似斧首部的缘故吧。但只有经过付出与努力才能熟练使用斧子并用斧子打制出物品。正如谚语所言：“斧子敲凿子，凿子敲木头。”

所 suǒ

所得 suǒ dé

所谓 suǒ wèi

所以 suǒ yǐ

所有 suǒ yǒu

所在 suǒ zài

所：“所”字是由“户”（门）字和“斤”（斧子）字并列而成的，指准备燃料的地方。在过去，人们总在门或房子（户）旁用斧子（斤）劈柴，所以就形成了“所”字（门外的斧头）。

匠 jiàng

匠人　jiàng rén　　匠心　jiàng xīn
木匠　mù jiang　　石匠　shí jiang
铁匠　tiě jiang

匠："匠"字是由工匠的工具"斤"（斧头）和他的作品"匚"（一段雕空的木头、一个容器或一只箱子）所构成。工匠技术的提高要依靠工具。这就是所说的："工欲善其事，必先利其器。"

1	2	3	4	5	6
一	乛	丆	𠂆	斤	匠

兵 bīng

兵变　bīng biàn　　兵器　bīng qì
兵役　bīng yì　　兵营　bīng yíng
步兵　bù bīng　　工兵　gōng bīng
士兵　shì bīng

兵："兵"字是由一双挥舞战斧（斤）的手（廾或廾）的符号代表的。在乱世中人们对平日养兵的感慨可归为一句话："养兵千日，用兵一时。"

1	2	3	4	5	6	7
㇒	𠂆	𠂉	斤	丘	乒	兵

近 jìn

近海 jìn hǎi　　近乎 jìn hū
近况 jìn kuàng　　近来 jìn lái
近邻 jìn lín　　近亲 jìn qīn

近：“近”字的表意是一名武士手拿战斧（斤）走向（辶）战场，即靠近战场。所以“近”指的是“靠近”。“远”的表意是把向前走（辶）和“袁”（走远路所必需的长袍）结合起来，而组成“遠”字。

㇀ 1	厂 2	斤 3	斤 4	丶斤 5	䜣 6	近 7												

质 zhì

质地 zhì dì　　质料 zhì liào
质问 zhì wèn　　质疑 zhì yí
本质 běn zhì　　品质 pǐn zhì
人质 rén zhì

质：两把斧（斦）位于一颗贝币（指一种值钱的东西）之上，准备把它切开搞清它的价值，即“質”。“質”这对斧头保证能圆满地完成这项任务。这就是表示价值、质量、质地、品质的“质”字。

一 1	厂 2	𠂆 3	斤 4	斤 5	质 6	质 7	质 8											

新 xīn

新兵	xīn bīng	新婚	xīn hūn
新郎	xīn láng	新年	xīn nián
新娘	xīn niáng	新奇	xīn qí
新闻	xīn wén		

新:“亲”字代表的是可以制成棍棒的红褐色灌木。古代用此种棍棒来抽打犯人,以达到逼供的目的。由此“新”字是由代表红褐色棍棒的“亲”字与代表斧头的“斤”字组成的。

1	2	3	4	5	6	7	8	9	10	11	12	13
丶	亠	亠	亣	立	立	辛	辛	亲	亲	新	新	新

门 mén

门第	mén dì	门户	mén hù
门槛	mén kǎn	门口	mén kǒu
门牌	mén pái	门徒	mén tú
门诊	mén zhěn		

门:类似“户”字表示一扇门,“門”字代表着一扇双页门。门是用来进出的,但不是所有门都能随便进出。正如谚语所言:“博爱之门,难开也难关。”经过演变,原先的“門”字最终被一扇敞开的“门”字所代替。

1	2	3
丶	丨	门

们

mén

你们 nǐ men　　人们 rén men
他们 tā men　　我们 wǒ men

们：此字的形旁为“人”字，声旁为“門”字，代表双页门。“人”和“門”合在一起就组成了“们”，指多数人。

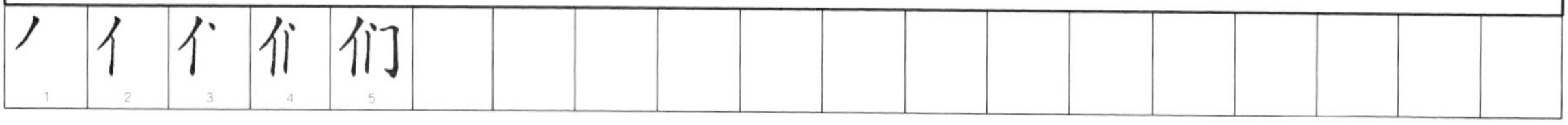

问

wèn

问答 wèn dá　　问号 wèn hào
问候 wèn hòu　　问世 wèn shì
问讯 wèn xùn

问：人们总爱站在门口提问。“口”字与“門”字相结合，即形成了“問”字。同时此字还具有审问或提问（虽然这可能是一种好管闲事的举动）的意思。正如谚语所言：“问道于盲。”

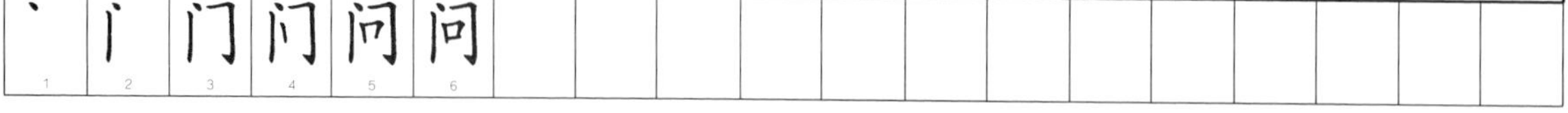

闻 wén

闻名 wén míng　闻人 wén rén
丑闻 chǒu wén　新闻 xīn wén
要闻 yào wén

闻：此字为表意文字，当人们把耳朵贴在门上时，便产生了“聞”字。此字引申为“新闻”之意。但靠耳朵所听到的消息并非全部值得信赖，正如谚语所言：“耳闻不如目睹。”

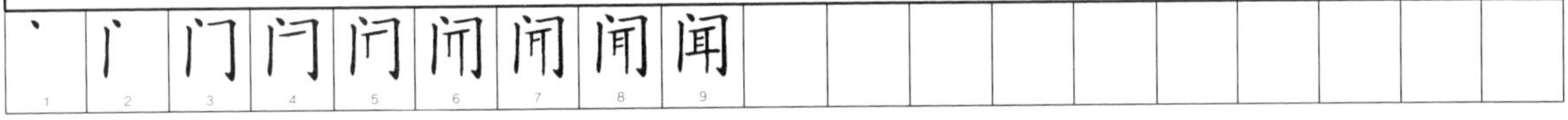

开 kāi

开办 kāi bàn　开采 kāi cǎi
开除 kāi chú　开动 kāi dòng
开端 kāi duān　开始 kāi shǐ
公开 gōng kāi

开：在“門”上加一根门闩（一）意为关“門”。两只手（廾）将门闩打开，意为“開”。但开业要比拔开门闩困难得多，正如谚语所说：“创业容易，守业难。”

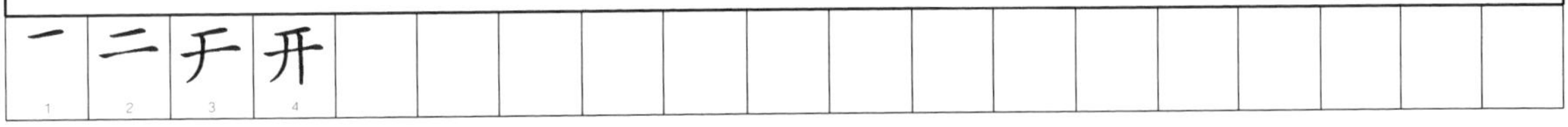

富

fù

富丽　fù lì　　富强　fù qiáng
富饶　fù ráo　　富庶　fù shù
富翁　fù wēng　　富裕　fù yù

富：此字由代表屋顶的“宀”、代表高度的“高”字及代表田地的“田”字组成。它象征着一个人把从田里（田）收获的粮食高高地（“高”或“口”）堆在家里（宀），即“富”。但精神上的财富恐怕更为重要。正如谚语所说：“财富多少看房屋，美德如何需看人。”

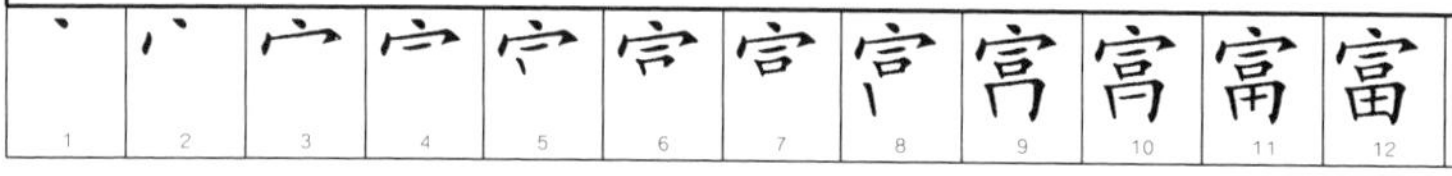

宝

bǎo

宝贝　bǎo bèi　　宝贵　bǎo guì
宝剑　bǎo jiàn　　宝库　bǎo kù
宝物　bǎo wù

宝：在古代，家中（宀）珍贵的物品恐怕要算玉（“玉”或“王”）、陶器（缶）及贝币（贝）了，由此得来“寶”字，意为珍贵。现代人只把玉看作是珍贵的物品，所以此字也就被简化为“宝”。但在商店中，“顾客才是最宝贵的，而不是店中的物品”。

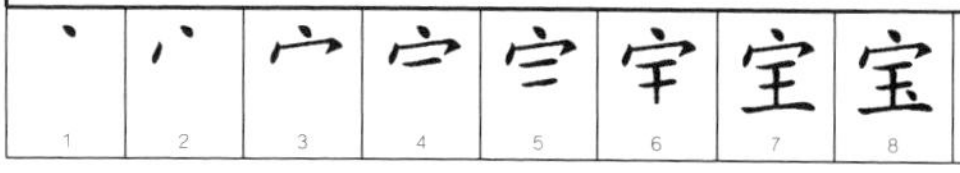

害

hài

害虫 hài chóng　害处 hài chù

害怕 hài pà　害臊 hài sào

害羞 hài xiū　除害 chú hài

厉害 lì hai

害:“丰”代表一根木棍(丨)上的三条刻痕“彡”,“口”则代表由诽谤而导致的伤害,“宀”则代表在遮蔽物下所受到的伤害。由此,就产生出了“害”字。正如人们常说的那样:“害人不成反害己。”

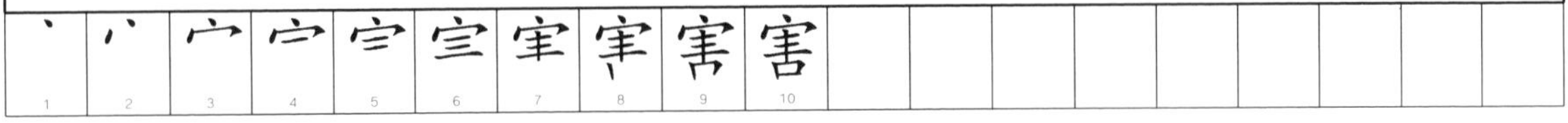

定

dìng

定单 dìng dān　定购 dìng gòu

定婚 dìng hūn　定价 dìng jià

定居 dìng jū　定理 dìng lǐ

否定 fǒu dìng

定:此字由代表屋顶的“宀”和代表整齐有序的“正”或“疋”组成。它象征着屋檐下和平有序的生活。由此得来“定”字,意为稳定、决定。但正如谚语所说:“谋事在人,成事在天。”家中的安定比世界的安定更为重要。

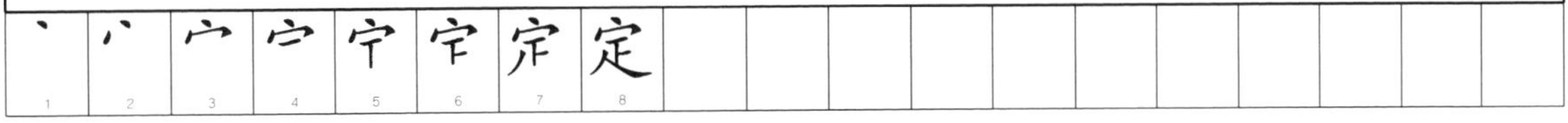

完 wán

完备 wán bèi　完毕 wán bì
完成 wán chéng　完稿 wán gǎo
完美 wán měi

完：此字为表意文字，指代的是在头顶上（元）加个屋顶（宀）。“元”意为一个人（人或几）的上半部分（“上”或“二”），即头部，在头顶上（元）盖上屋顶（宀），一幢房子就造好了，所以“完”就是结束的意思。

刀 dāo

刀叉 dāo chā　刀架 dāo jià
刀具 dāo jù　刀片 dāo piàn
刀鞘 dāo qiào　刀子 dāo zi

刀：此字是象征刀或剑的象形字，意为挥舞刀剑来保护无辜者。但是不负责任地挥舞权力之剑，只会得到适得其反的作用。一把利刃常用来比喻一个权力极大的人，正如谚语告诫人们的那样：“刀利伤人指。”

分

fēn

分别　fēn bié
分布　fēn bù
分界　fēn jiè
分开　fēn kāi
分类　fēn lèi
分裂　fēn liè
分配　fēn pèi

分：此字为表意文字，由“八”字（意为区分、划分）和“刀”字（强调划分）组成，指用刀子（刀）进行划分（八）。“分”是货币单位，还可用来表示一部分、一些以及分钟等。

丿	八	分	分
1	2	3	4

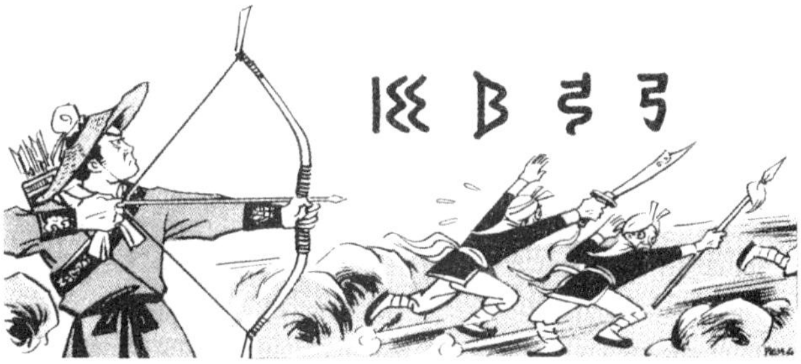

弓

gōng

弓箭　gōng jiàn
弓弦　gōng xián
弓形　gōng xíng

弓：此字源于中国的弓箭，即“弓”。最早被写作“弓”，代表弯曲或颤动。如果在“弓”字上加个“丨”就变成了“引”字，意为牵引、指导或引进。虽然弓是用来进攻和防御的武器，但是，我们要牢记一句谚语：“拉弓勿射”。

㇆	㇆	弓
1	2	3

弗 fú

自愧弗如　zì kuì fú rú

弗：此字既是象形字又是表意字，代表两根分开的棍子( )( )被一卷绳子捆起来，意为对立或否定，因此，“弗”字具有否定的意义。

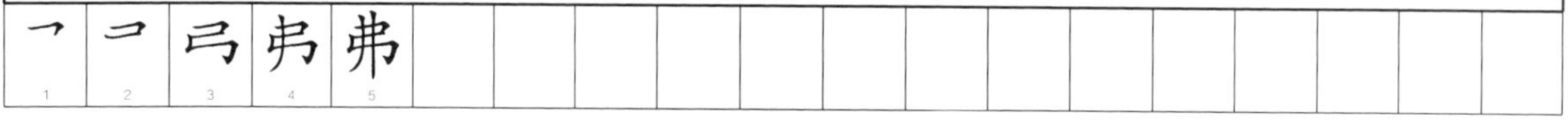

费 fèi

费力	fèi lì	费时	fèi shí
费用	fèi yong	会费	huì fèi
浪费	làng fèi	免费	miǎn fèi
学费	xué fèi		

费：“弗”代表了两根缚在一起的棍子向各自相反的方向弯曲，具有否定的意义。“贝”则代表了过去用来当作货币的贝壳。因此，把“弗”安置在“贝”字之上意味着低估了金钱的价值，实意为消耗或浪费。

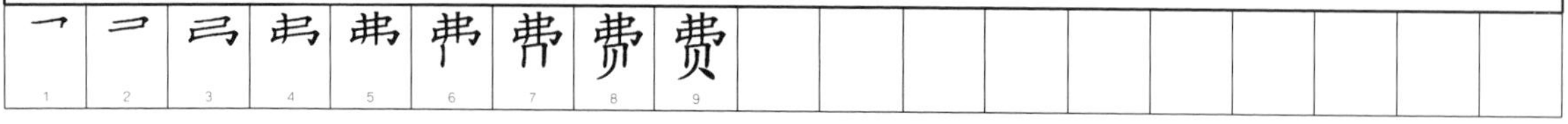

剃 tì

剃刀　tì dāo
剃度　tì dù
剃头　tì tóu

剃：把“弟”字与代表刀子的“刂”相结合组成“剃”字，声旁指代的是缠绕在纺锤上的一段线，延伸之意为延续中的子子孙孙。“弟”指的是不断生长的毛发就像是从纺锤上放出来的线一样。如果在它旁边再加上刀（刂），便为“剃”字，但下图中却把小弟弟（弟）和刀（刂）放在一起意为“仔细地剃”。

1	2	3	4	5	6	7	8	9
丶	丷	䒑	当	弓	弟	弟	弟	剃

矢 shǐ

矢量　shǐ liàng　　飞矢　fēi shǐ
风矢　fēng shǐ

矢：矢的原形来源于“尖”字，就如一枝箭，有尖尖的头和羽毛。后来“尖”演变成了“矢”字，以特别强调与暗中隐藏的敌人进行斗争的难度。正如谚语所说：“明枪易躲，暗箭难防。”

1	2	3	4	5
丿	𠂉	𠂉	午	矢

知 zhī

知道	zhī dào	知底	zhī dǐ
知己	zhī jǐ	知交	zhī jiāo
知觉	zhī jué	知名	zhī míng
知识	zhī shi		

知：形旁“矢”代表敏捷，与“口”字相结合后，即为“知”字，意为在发言或阐述自己的观点时能够像快速飞出而又正中靶心的箭一样切合正题。“知”中的“口”表明“口”与“矢”一样锐利而深远，但谚语说：“知者不言，言者不知。”

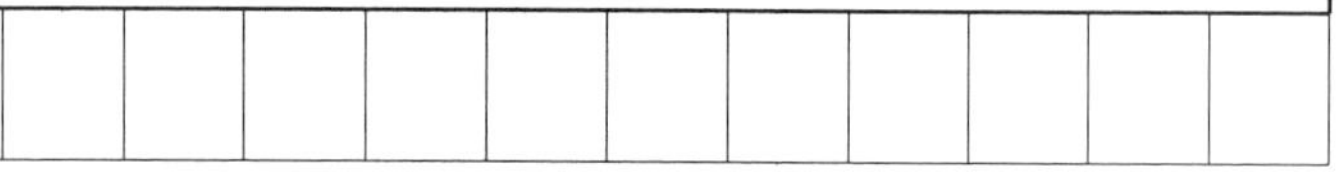

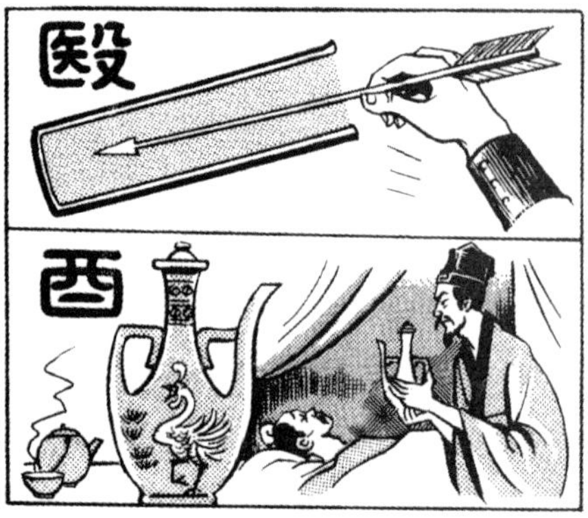

医 yī

医生	yī shēng	医术	yī shù
医药	yī yào	医院	yī yuàn
医治	yī zhì	军医	jūn yī

医：古人认为疾病是由于邪恶的影响而产生的。因此，“醫”字象征着从箭囊（医）中取箭并射杀（殳）引发疾病的恶魔。酒（酉）在治疗病痛时，是不可缺少的灵丹妙药。此字最终被简化为“医”。一句谚语说：“再聪明的医生也不会为自己疗病。”

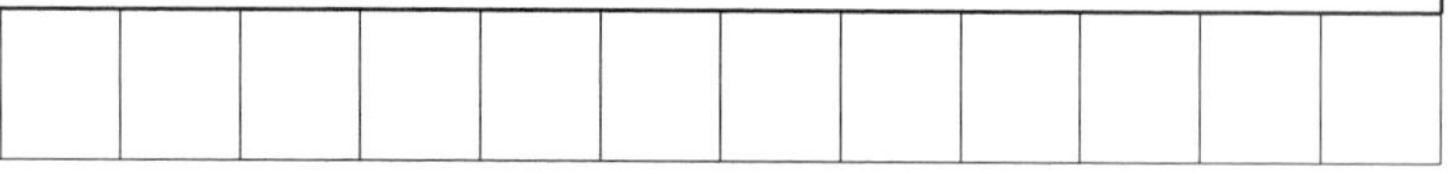

丑 chǒu

丑恶 chǒu 'è
丑角 chǒu jué
丑事 chǒu shì
丑化 chǒu huà
丑陋 chǒu lòu
丑态 chǒu tài

丑：两种类型的魔鬼结合在一起形成了“酉”，表示丑陋的“醜”字。原先此字是把代表酒的“酉”字与来自阴间魔鬼的“鬼”字相结合，表示隐藏着的酒鬼（酉）和魔鬼（鬼），实意为丑陋。现今，它已简化成了“丑”字，也指小丑。

1	2	3	4
㇆	𠃌	丑	丑

狗 gǒu

狗熊 gǒu xióng
海狗 hǎi gǒu
狗腿子 gǒu tuǐ zi

狗：此字将形旁“犭”（或“犬”）与声旁“句”相结合。“句”原意为一句话，使人想起不停的狗叫声。“打狗还看主人面”这句谚语告诫人们对失败者进行处理时，要三思而行。

1	2	3	4	5	6	7	8
㇒	犭	犭	犭	狗	狗	狗	狗

猴

hóu

猴戏　hóu xì
猴子　hóu zi

猴：在古代，射艺的高低对于官员的选拔起到了举足轻重的作用。单人旁（亻）代表了射手用箭（矢）射中目标（厂或コ），由此得来了“侯”字，指代的是贵族及太子，加上犬字旁（犭）成“猴”。把此字的意思延伸为“动物中的君主或王子”，即群猴之首。猴王是中国古典名著《西游记》中的重要角色之一。

丿	犭	犭	犭	犭	犭	犭	犭	犭	猴	猴	猴
1	2	3	4	5	6	7	8	9	10	11	12

吠

fèi

狗吠　gǒu fèi

吠：此字由代表嘴字的“口”与代表狗字的“犬”相结合而成，即“吠”。这个字表示狗为什么会叫。一则古代谚语作了极好的回答：“一犬吠影，百犬吠声。”

丨	冂	口	口一	吋	吠	吠
1	2	3	4	5	6	7

狱 yù

狱吏　yù lì
狱卒　yù zú
地狱　dì yù
监狱　jiān yù
入狱　rù yù
越狱　yuè yù

狱：把代表说的“言”放置在代表狗的“犭”和“犬”两个字根中间，就成了“獄”，即打官司之意。这表明两位诉讼者为了赢得官司，像狗一样互相争吵。“獄”同时也意为监狱，是关押失败者的地方。但对于获胜的人而言，“要想赢得官司，破财也是在所难免的。”

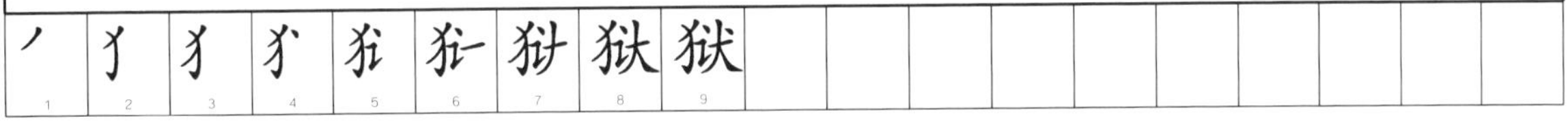

哭 kū

哭泣　kū qì
哭诉　kū sù

哭：“哭”字运用了两个“口”，表示嘴部的强烈动作。两个“口”字与“犬”字相结合就是“哭”。两个嘴（口）形象地刻画出哭喊与哀号的情景。但正如谚语所言：“再多的眼泪也不可能治愈所造成的伤害。”

伏 fú

伏安 fú 'ān　　伏兵 fú bīng

伏法 fú fǎ　　伏击 fú jī

伏帖 fú tiē

伏：把人（亻）与狗放在一起就成了"伏"字。它表示人像狗一样跪倒在另一个人面前，毫无尊严。"痛打落水狗"这句话，指的就是对恶人不要发慈悲之心。

丿	亻	仁	什	伏	伏
1	2	3	4	5	6

突 tū

突变 tū biàn　　突破 tū pò

突起 tū qǐ　　突然 tū rán

突兀 tū wù　　突袭 tū xí

突："穴"是由代表分隔意义的（八）和代表屋顶的（宀）组成。"突"代表了从狗窝（穴）中冲出并攻击入侵者的狗（犬）。突字还可理解为不经警告就向对方袭击。正如谚语所说："无声狗，咬死人"。

丶	丶丶	宀	宀	穴	空	孪	突	突
1	2	3	4	5	6	7	8	9

狂 kuáng

狂暴	kuáng bào	狂吠	kuáng fèi
狂风	kuáng fēng	狂热	kuáng rè
狂人	kuáng rén	狂喜	kuáng xǐ
狂笑	kuáng xiào		

狂:代表声旁的"王"字是"㞷"字的缩写,指代的是自由生长(㞢)在泥土之中(土)的大量植物,意为自然界中的蔓生植物。"狂"还指代疯犬毫无目的地四处游荡,即"疯狂"。我们不要以疯狂来对付疯狂。我们应如谚语所劝诫人们的那样:"篱笆修得牢,野狗不得进。"

丿	犭	犭	犭	犭	犴	狂
1	2	3	4	5	6	7

犯 fàn

犯法	fàn fǎ	犯规	fàn guī
犯忌	fàn jì	犯人	fàn rén
犯疑	fàn yí	犯罪	fàn zuì

犯:声旁"㔾"指代的是花的萌芽、开花、绽放。"狗"(犭)与"㔾"相结合成了"犯"字,指代的是身处花圃中的狗,即越界犯规。由于误判,许多犯罪者逃脱了法律的惩罚。此种事情屡见不鲜,正如谚语所抱怨的那样:"黑狗吃肉,白狗受罚。"

丿	犭	犭	犭	犯
1	2	3	4	5

狠 hěn

狠毒 hěn dú　　狠心 hěn xīn

凶狠 xiōng hěn

狠：声旁"艮"是古代"𥃩"字的缩写。"𥃩"字由代表眼睛的"目"与代表旋转的"匕"组成，表示转头并用一种挑衅的目光注视着对方，与"犭"旁结合后，指代的是像野兽一样具有凶猛、邪恶及残忍的特性。但有句谚语说："好狗不与鸡斗，好男不与女斗。"

丿	犭	犭	犭	犭	犭	狠	狠	狠
1	2	3	4	5	6	7	8	9

狼 láng

狼狗 láng gǒu　　狼獾 láng huān

狼藉 láng jí　　豺狼 chái láng

狼：此字由形旁"犭"与声旁"良"相结合而产生。"良"最早被写为"㠯"，后演变成"㿝"，指天赋从天（尸）而降。"㿝"指代的是天地之间终成一体（ㅂ），而天赋（⊖）最终消失（亡）了。狼意为狗的那种善良的本性已被邪恶所替代，正如谚语所说："身披羊皮，心如恶狼。"

丿	犭	犭	犭	犭	犭	犭	狼	狼	狼
1	2	3	4	5	6	7	8	9	10

狮 shī

狮子 shī zi　　狮子狗 shī zi gǒu
狮子舞 shī zi wǔ　　狮子座 shī zi zuò

狮：此字的形旁是代表动物的“犭”，声旁“師”代表了飘扬在边关要塞(𠂤)的第一(一)面旗(巾)，即指挥官之旗，亦意为统帅或领导。而万兽之王“狮子”，就是由“犭”与代表众物之首的“師”组合而成的。

丿	𠃌	犭	犭丨	犭丨	犭厂	犭𠂆	犭帀	狮
1	2	3	4	5	6	7	8	9

猫 māo

小猫 xiǎo māo　　雄猫 xióng māo
熊猫 xióng māo

猫：形旁“犭”为象形文字，描绘了猫的一系列器官，即：猫头、猫须、猫爪和猫的脊背。原先的“猫”字被写为“貓”，是把代表猫的“犭”旁与代表植物萌芽部分的“苗”相结合，意为猫可以对破坏田间(田)植物幼苗(艹)的老鼠进行捕食。而猫与狗之间的不和也正像谚语所说的：“狗来猫必去。”

丿	𠃌	犭	犭一	犭十	犭艹	犭艹	犭艹丨	犭艹𠃌	猫	猫
1	2	3	4	5	6	7	8	9	10	11

马 mǎ

马鞍 mǎ 'ān
马鞭 mǎ biān
马车 mǎ chē
马虎 mǎ hu
马上 mǎ shàng

马：一看到“馬”字，人们仿佛瞧见了一匹即将奋蹄扬奔的骏马形象。经过演变，马字去掉了代表眼睛与鬃毛的笔画，变为简化了的“马”字。谚语“老马识途”就是形容那些年岁已高，但经验丰富的马匹。

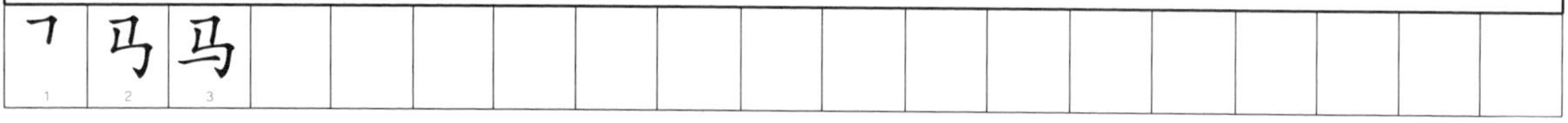

骡 luó

骡夫 luó fū
骡马 luó mǎ
骡子 luó zi

骡：声旁“累”指的是属于马类家族中的骡子。“累”最早被写成(纍)，表示三件物品(畾)系在一起(糸)，意为牵涉或聚积，引起麻烦的或不易管理的，身载重物或劳累的。以上这些释义充分表达了“骡”子的含义。骡子以固执而闻名。骡子走路极慢，如同一句谚语所说：“骑骡的人从不会觉得别人走路慢。”

骆 luò

骆驼 luò tuo
骆驼队 luò tuo duì
骆驼绒 luò tuo róng

骆："馬"是偏旁，指的是能够肩负重担的动物。它的声旁"各"意指不听别人劝告，毫无顾忌地独自赶路。两者结合即成"駱"字。骆驼具有突出的能自给自足的特点。駱，即一种能够在无食无水的情况下，仍具有很强的忍耐力，并可以长途跋涉的动物。

尘 chén

尘埃 chén 'āi
尘肺 chén fèi
尘土 chén tǔ
尘嚣 chén xiāo
尘暴 chén bào
尘垢 chén gòu
尘污 chén wū

尘：此字的原形指代的是三只鹿（鹿）在土地上（土）奔跑过后留下的一阵尘土（塵）。经过演变，鹿的数量减至一只。最终，代表鹿的部分被减缩成"小"字，意为存在于尘土中的微粒，此字最终定型为"尘"。

庆 qìng

庆典　qìng diǎn　　庆贺　qìng hè
庆幸　qìng xìng　　庆祝　qìng zhù

庆：在古代，节日期间拜访（夊）亲友并献以鹿皮（鹿）以表达衷心（心）的祝愿是一个传统的习俗。“慶”也就由此应运而生，意为庆祝、祝贺或祝福。经过演变，此字又被描述成发生在户内（广）的大事（大），即“庆”。

丽 lì

丽人　lì rén
美丽　měi lì

丽：最初的丽字是通过一只头戴一对头饰（丽）的梅花鹿（鹿），即“麗”，来表达高贵典雅之意。经过演变，仅保留了表示一对头饰被连在一起的“丽”。然而，美丽的东西并不总是值得羡慕，正如谚语所说：“自古红颜多薄命，丑男之中多奇才。”

虎 hǔ

虎将 hǔ jiàng　虎劲 hǔ jìn
虎钳 hǔ qián　虎穴 hǔ xué
老虎 lǎo hǔ

虎：此字为象形字，由形旁“虍”（意为虎皮）与表示后腿的“几”相结合而成。由于老虎凶悍而残暴，所以即使一只死老虎也会让人胆战心惊。所以就有了“骑虎难下”这一个成语。

							虎
1	2	3	4	5	6	7	8

号 háo；hào

号哭 háo kū　号叫 háo jiào
号称 hào chēng　号令 hào lìng
号码 hào mǎ　号召 hào zhào

号：意指从口中（口）发出很响的声音（通过吹一物而发出“一”）。因此“號”字具有大叫之意。“号”字原先被写成“號”，意为人们见到老虎后，情不自禁发出的尖叫，“號”还可以被理解为是人们人声说出或喊出的标记或号码。

		口		号
1	2	3	4	5

象 xiàng

象鼻 xiàng bí　象棋 xiàng qí
象限 xiàng xiàn　象牙 xiàng yá
象样 xiàng yàng

象：此字为大象勾勒出一幅栩栩如生的肖像，特别是它的躯干及珍贵的象牙，即“象”。同时也指代某人在发财之后很可能就会惹祸上身，如谚语所说：“猎杀大象，只求其牙”。

像 xiàng

像样 xiàng yàng　像话 xiàng huà
人像 rén xiàng

像：此字的声旁为“象”，形旁则是代表人类的“亻”，意为肖像、画像及相似。虽然按谚语所言：“画家从不崇拜上帝，因为他们对于上帝的本质可谓是了如指掌。”但人类对于世间万物的仿造复制活动却从未停止过。

熊 xióng

熊猴 xióng hóu
熊猫 xióng māo
狗熊 gǒu xióng

熊：此字由代表熊头的"厶"、代表多毛躯干的"月"及代表熊掌的"匕匕"所组成，即"能"。熊是身强力壮及英勇无畏的象征。"能"是能力的意思。同时，也为了把"能"与熊相区别，人们最终在"能"字下加上了代表熊掌的"灬"，这就是熊。

兔 tù

兔脱 tù tuō
兔子 tù zi
白兔 bái tù

兔：此字为象形字，意为竖起长耳蹲伏着的兔子。为了显示出兔子在逃生时的敏捷，人们还常用"狡兔三窟"及"兔子不吃窝边草"这两个谚语来形容它。

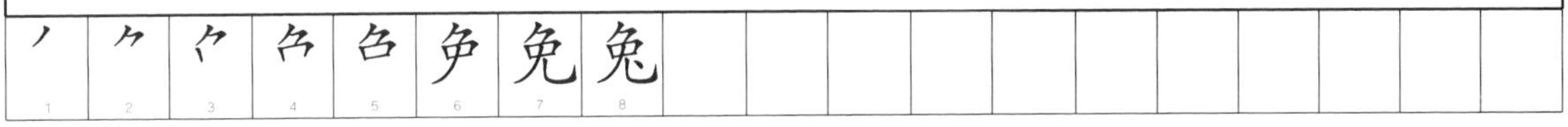

冤 yuān

冤仇 yuān chóu　冤家 yuān jia
冤屈 yuān qū　冤枉 yuān wang

冤：一只身体弱小的兔子被闪禁在笼中（冖）即“冤”。它的引申意为不公正或错误的指控。在人类社会中，压迫的产生可以追溯到很久以前。但正如谚语所说：“在压迫下所建的房子是不能得到持久的繁荣的。”

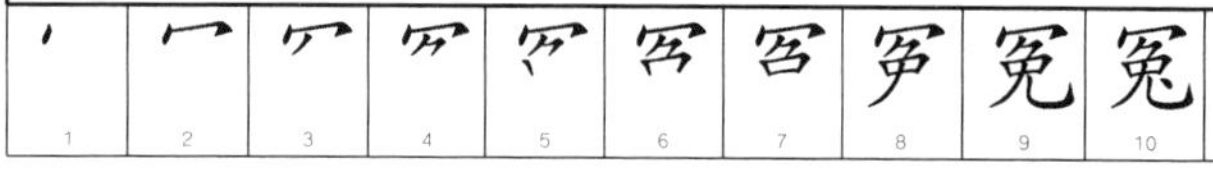

逸 yì

逸乐 yì lè
逸闻 yì wén
逃逸 táo yì

逸：形旁“乚”指代的是奔跑后突然停下来的动作，与“兔”子结合成为“逸”，代表奔跑着的兔子，它还意为逃避或逃离现实中的世界。同时，野兔还被人们认为是难以驯服的一类动物，所以，“逸”也有闲散、挥霍、放荡之意。

鼠

shǔ

鼠辈　shǔ bèi
鼠疫　shǔ yì
老鼠　lǎo shǔ

鼠:作为象形字的“鼠”是对包括胆小的家鼠以及生性好攻击的野鼠等啮齿动物的总称。此字的每个部分都相应地代表了鼠头、鼠鬃及鼠尾。虽然老鼠能耐不小,即使是一只小老鼠也知道如何刨洞,但正如谚语所说:“老鼠与猫争斗纯属自不量力。”

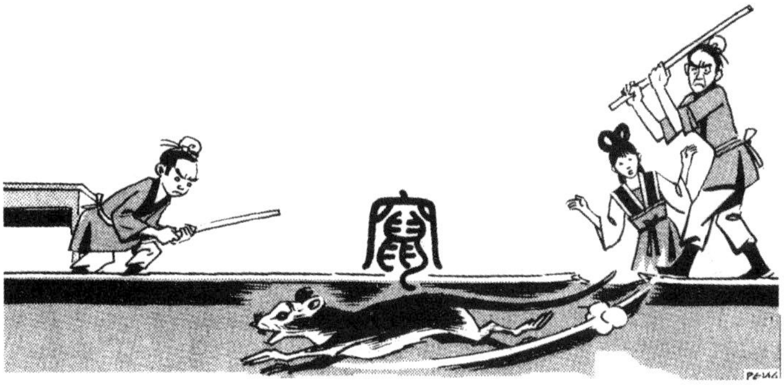

窜

cuàn

窜犯　cuàn fàn　　窜改　cuàn gǎi
窜扰　cuàn rǎo　　窜逃　cuàn táo
鼠窜　shǔ cuàn

窜:穴是通过人们挖土掘石(八)而产生出来的洞口,老鼠居身于洞穴(穴)之中,即成了“竄”字,意为逃避或躲藏。经过演变,人们用“串”字代替了“鼠”字形成了“窜”字。作为表意文字的“串”,象征着两个物体连在一起。这就是窜字的由来。它是指通过掘洞(穴)来逃生。

只 zhī

只身　zhī shēn
一只　yī zhī

只:原先的"隻"字由代表小鸟的(隹)与代表人手的(又)相结合而成,"隻"常被用作量词来说明动物、舰船以及胳膊、眼睛、手、鞋子等领域中的数量。经过演变,最终定型为"只"。此字还具有"唯一"、"仅有"的意思。

1	2	3	4	5
丶	㇆	口	口㇒	只

集 jí

集合　jí hé
集会　jí huì
集锦　jí jǐn
集市　jí shì
集体　jí tǐ

集:原先的"集"字代表了三只鸟(雥)群集在树(木)顶之上。经过演化之后最终形成了"集"字,即停留在树(木)上的小鸟(隹)。"集合"一词的含义恐怕来源于群聚在一起的鸟类。但有一句谚语说:"群蚊之声赛轰雷"。

1	2	3	4	5	6	7	8	9	10	11	12
㇒	亻	亻㇒	亻丶	亻一	亻二	亻三	隹	隹一	隹十	隹木	集

双

shuāng

双边 shuāng biān　双层 shuāng céng
双重 shuāng chóng　双方 shuāng fāng
双亲 shuāng qīn　双生 shuāng shēng
双喜 shuāng xǐ

双：一只鸟（隹）在手中（又），为"隻"。两只鸟（雔）在手中（又）就成了（雙）字。很遗憾的是，有这样一句谚语："福无双至，祸不单行。"

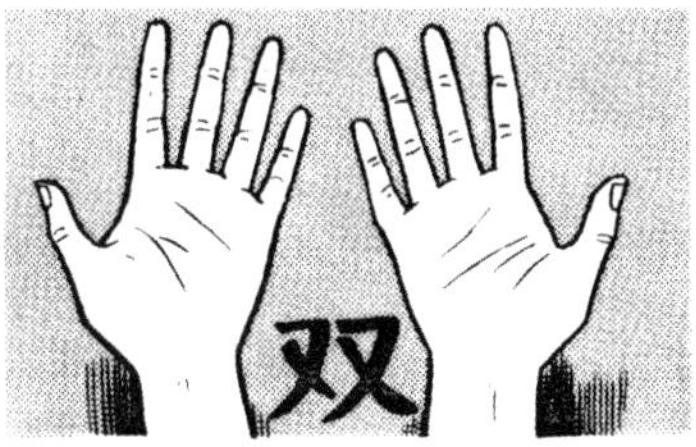

进

jìn

进步　jìn bù　进度　jìn dù
进攻　jìn gōng　进化　jìn huà
进食　jìn shí　进行　jìn xíng
进展　jìn zhǎn

进：此字由代表移动的"辶"（为"辵"字的缩写）与代表小鸟的"隹"字组合而成。因为鸟儿在飞翔的时候总是向前，从不退后，所以"進"字还具有前进之意。经过简化"井"代替了"隹"字，最终定型为"进"。正如谚语所告诫人们的那样："不进则退。"

售

shòu

售货 shòu huò　售价 shòu jià
售卖 shòu mài　出售 chū shòu
售票员 shòu piào yuán

售：此字最初是由代表两只鸟的“隹隹”字和代表说话的“口”字所组成，指代的是两个人在互相讨价还价。经过简化后，此字被定型为“售”。只有卖方一个人（隹）张口（口）推销他的商品，一则谚语告诫卖主：“不可在森林中卖柴火，也不该在湖边卖鱼。”

1	2	3	4	5	6	7	8	9	10	11
丿	亻						隹			售

焦

jiāo

焦点 jiāo diǎn　焦化 jiāo huà
焦黄 jiāo huáng　焦急 jiāo jí
焦距 jiāo jù　焦虑 jiāo lǜ

焦：此字由代表鸟字的“隹”与代表火焰的“灬”组合而成，意为燃烧或烧焦。它的延伸之意为担心或焦虑，喻意有些人总是像备受火煎熬的鸟一样焦虑不安，正如谚语所说：“杞国无事忧天倾。”

1	2	3	4	5	6	7	8	9	10	11	12
丿	亻						隹				焦

离 lí

离别	lí bié	离婚	lí hūn
离间	lí jiàn	离境	lí jìng
离奇	lí qí	距离	jù lí

离："離"字最初用在夜莺（一种高贵的金黄的鸟类）身上。"离"意为神秘的，而"隹"则指代的是鸟类。每当夜莺在春天出现时，就预示着已到婚龄的女子就要离开她的父母远嫁他乡，因此，"离"又具有离开、离别之意。经过演变，"离"字中代表小鸟部分的"隹"已被去掉，最终成为了"离"字。

1	2	3	4	5	6	7	8	9	10
丶	亠	亠	文	这	卤	卤	离	离	离

鸡 jī

鸡蛋	jī dàn	鸡毛	jī máo
鸡肉	jī ròu	公鸡	gōng jī
母鸡	mǔ jī	鸡蛋糕	jī dàn gāo

鸡：此字的形旁为"鸟"，声旁为"奚"，指代的是一位成年纺纱者（大）手持（爪）丝线（纟或幺），形旁与声旁构成"鷄"。从前女犯人总是被强迫在无任何酬劳的情况下从事纺织工作，就像笼中的母鸡一样总是要为主人无偿地下蛋。经过简化后的"鸡"字，最终由"鸟"字与代表手的"又"结合而成。

1	2	3	4	5	6	7
㇇	又	又	对	对	鸡	鸡

鸭 yā

鸭蛋 yā dàn　　鸭绒 yā róng
公鸭 gōng yā　　母鸭 mǔ yā
小鸭 xiǎo yā　　鸭舌帽 yā shé mào

鸭：作为声旁的“甲”字意为盔甲，意指一种具有保护作用的外壳。对疾病有很强的抵抗及免疫能力的鸭子，恐怕可以算是鸟类中比较强壮的一类。因此“鸭”子指代的是一种能进行自我保护（甲）的鸟类。尽管如此，一则谚语却说：“如与鹅相比，鸭子就卖不出去了。”

丨	冂	冃	日	甲	甲′	甲ㄅ	甲ㄅ	鸭	鸭
1	2	3	4	5	6	7	8	9	10

鸽 gē

鸽子 gē zi　　家鸽 jiā gē
野鸽 yě gē　　鸽子笼 gē zi lóng

鸽：“合”字意指许多（亼）张嘴（口）和谐地相聚在一起。“亼”代表一个整体及由三条线组合成的一个三角形。“鸽”字最终指代的是聚集成群的鸟儿们和谐地生活在一起。

丿	人	亼	亽	合	合	合′	合ㄅ	合ㄅ	鸽	鸽
1	2	3	4	5	6	7	8	9	10	11

凤 fèng

凤凰 fèng huáng
凤梨 fèng lí
凤尾鱼 fèng wěi yú

凤："凤"字的雏形来源于代表凤凰尾部的"翮"，即"朋"。凤凰也是友谊的象征，因为它总是呼朋引伴地进行飞翔。经过演变，此字被写为"鳳"。它是鸟的象形字。在声音方面，它还结合了"風"字的特点。最终此字与代表友谊之手的"又"相结合，形成了代表友好的"凤"字。

1	2	3	4
丿	几	凤	凤

燕 yàn

燕麦 yàn mài
燕鸥 yàn 'ōu
燕隼 yàn sǔn
燕窝 yàn wō
燕鱼 yàn yú
燕子 yàn zi
燕尾服 yàn wěi fú

燕：此字为对称象形字，代表一只飞翔中的燕子。燕子常常在初春时节出现在北半球的某些地区，所以也常常被人们看作是北方之鸟。"燕"子口（口）衔一根（一）嫩草（艹）正在飞过水面（灬）。

1	2	3	4	5	6	7	8	9	10	11	12	13	14	15	16
一	十	廾	廿	廿	甘	甘	甘	甘	甘	甘	燕	燕	燕	燕	燕

不 bù

不安　bù 'ān　　不便　bù biàn
不断　bù duàn　　不顾　bù gù
不客气　bù kè qi

不:此字象征着一只飞翔的小鸟逐渐消失在人们的视野之中。代表地平线的"一"象征着阻碍鸟儿(不)飞到其终点的一道界限。"不"表示否定。对于那些还不会走却想飞翔的自负者来说,天空同样也是一道界限。

歪 wāi

歪风　wāi fēng　　歪曲　wāi qū
歪诗　wāi shī　　歪斜　wāi xié

歪:此字是由具有否定意义的"不"字与代表正直的"正"字组合而成的表意文字,含有弯曲之意。而"正"字又是由代表停止的"止"字与代表界限的"一"字相结合而成的,意为不要超越界限,以致迷途。正如谚语所劝诫人们的那样:"身正不怕影子斜。"

至 zhì

至诚 zhì chéng　至多 zhì duō
至交 zhì jiāo　至今 zhì jīn
至上 zhì shàng

至："至"字与"不"字具有对立的性质。"不"表示飞翔的鸟不能抵达它的终点。而原先的"至"为象形字，象征着鸟儿弯曲着翅膀，直朝地面飞去。演变后的"至"还有到达或接近之意。

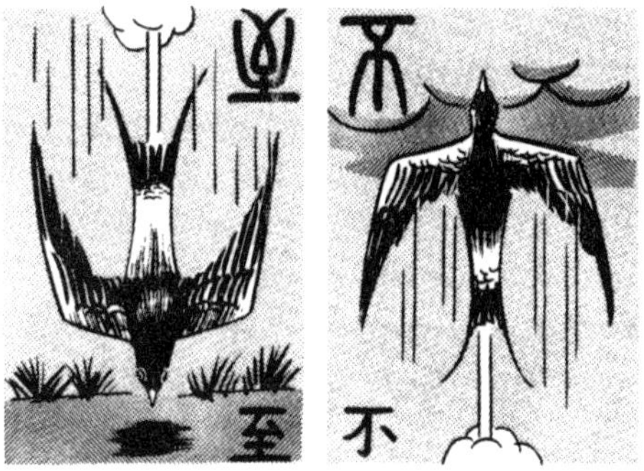

屋 wū

屋顶 wū dǐng　屋脊 wū jǐ
屋架 wū jià　屋檐 wū yán
屋宇 wū yǔ　屋子 wū zi

屋：代表此字声旁的"至"意为到达或接近，代表形旁的"尸"则表示一个倾斜的人物形象。"屋"就是某人到达终点（至）后，可以斜靠（尸）休息的地方。但有这样一句谚语："先择邻，后安家。"

室 shì

室外　shì wài　　教室　jiào shì
卧室　wò shì　　会客室 huì kè shì
办公室 bàn gōng shì

室：表意文字“室”意为到达了（至）设在屋顶之下（宀）的终点站。因为屋子是用墙围起来的，而一堵墙是由两面组成的，所以有句谚语说：“一家造墙，两家受益。”

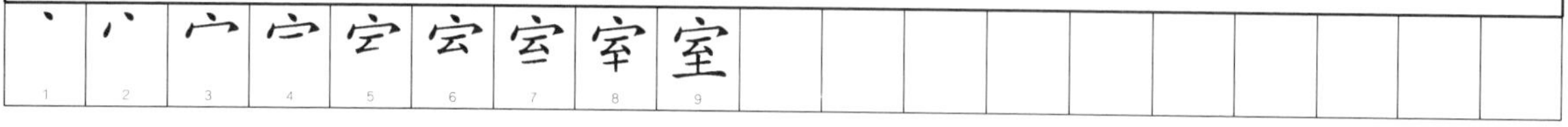

龟 guī

龟板　guī bǎn　　龟背　guī bèi
龟甲　guī jiǎ　　龟缩　guī suō
乌龟　wū guī

龟：此字是长寿的象征，因为乌龟的年龄可以超过150岁。乌龟是无理性、冷血而无害的动物。它还被形容是一种“肉里壳外”的动物。但是，“龟”字的演变过程很漫长，如同乌龟本身的演变一样。

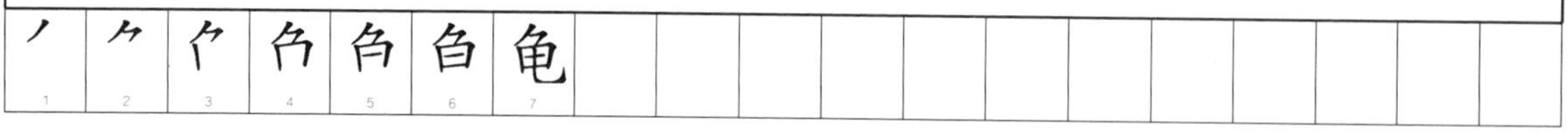

万 wàn

万般　wàn bān　　万端　wàn duān
万分　wàn fēn　　万古　wàn gǔ
万能　wàn néng

万：此字是根据蝎子而演变过来的象形字。它可用于对数字 10,000 的简称。经过演变后它变为印度梵文中的"卍"，最终定型成"万"字。"万岁"这个词则是皇帝的代名词。但有句谚语则说："皇帝虽富有，但想要靠钱达到长生不老是不可能的。"

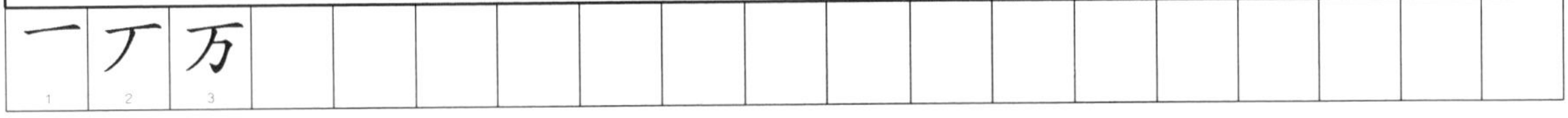

易 yì

易经　Yì Jīng　　轻易　qīng yì
容易　róng yì　　易燃物 yì rán wù

易：此字的构成与能够随背景不断变色的蜥蜴极其相似。蜥蜴变色"易如反掌"。它的延伸之意为变化或容易。

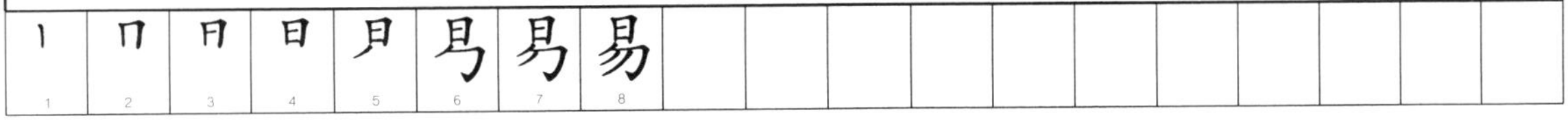

龙 lóng

龙船 lóng chuán　龙卷 lóng juǎn
龙虾 lóng xiā　龙眼 lóng yǎn
龙钟 lóng zhōng
龙卷风 lóng juǎn fēng

龙:此字最早为象形字“[illegible]”,象征具有贵族血统的“龙”由代表翅膀的“印”与代表身躯的“月”和“童”字声旁的“立”相组合而成。“龙”字同时也具有皇室和荣耀之意。正如谚语所说:“有钱即是龙,无钱便是虫。”

1	2	3	4	5
一	ナ	九	龙	龙

角 jiǎo

角尺 jiǎo chǐ　角度 jiǎo dù
角落 jiǎo luò　角膜 jiǎo mó
角质 jiǎo zhì　号角 hào jiǎo
鹿角 lù jiǎo

角:“角”由表示强壮的“力”和表示肉体的“月”组成,形旁“月”似一个带有条纹的号角。由于号角末尾的部分比较细,所以“角”字还具有边角之意。同时“角”还是一种计算货币的单位。一角等于10分。

1	2	3	4	5	6	7
ノ	㇇	㐅	角	角	角	角

解 jiě

解除	jiě chú	解答	jiě dá
解雇	jiě gù	解决	jiě jué
解开	jiě kāi	解闷	jiě mèn
解剖	jiě pōu		

解：此字将形旁“角”字与“刀”和“牛”字相结合，意为用刀劈开牛角，即“解”。同时，牛角经过磨制变细后，还可作解结之用。因此，此字又含有拆开、解开之意。《说文解字》这本书专门解释中文字的来源。

丿	𠂊	𠂊	𠂊	角	角	角	角	角	角	解	解	解
1	2	3	4	5	6	7	8	9	10	11	12	13

毛 máo

毛笔	máo bǐ	毛纺	máo fǎng
毛巾	máo jīn	毛孔	máo kǒng
毛毯	máo tǎn	毛线	máo xiàn
毛衣	máo yī		

毛：此字是用来形容人类或动物毛发的象形文字。与身体其他部分相比，头发恐怕算是无足轻重了。“毛”字还具有微小、粗糙之意。同时，它还可作为货币的计量单位。一毛等于 10 分。虽然，我们的头发不能以数量来计算，但正如谚语所说：“动及分毫，触及全身。”

丿	二	三	毛
1	2	3	4

尾 wěi

尾巴	wěi ba	尾灯	wěi dēng
尾欠	wěi qiàn	尾声	wěi shēng
尾随	wěi suí	尾追	wěi zhuī

尾:“尾”字由代表身体倾斜状态的“尸”作为形旁,与代表头发的“毛”字作为声旁而组成。在篆刻文字中,“毛”字被颠倒过来,表明毛发向下长就是尾巴。尾巴常用来摇动。但当某人很强大,而统治者很弱时,那就“尾大不掉”了。

1	2	3	4	5	6	7
㇇	㇕	尸	尸	尸	尸	尾

老 lǎo

老板	lǎo bǎn	老成	lǎo chéng
老将	lǎo jiàng	老练	lǎo liàn
老年	lǎo nián	老实	lǎo shi

老:在篆刻体中,此字由代表毛发的“耂”与代表人字的“人”和与代表变换不定的“匕”字组合而成。当人上了年纪后,原先的黑发就会逐渐由黑变灰或变白。“老”字是从原形为“耂”而演化为“老”。为了鼓励年轻人尊重老人,有一句谚语强调说:“年轻时耻笑老人,年老后就被别人耻笑。”

1	2	3	4	5	6
一	十	土	耂	耂	老

票

piào

票额	piào 'é	票房	piào fáng
票根	piào gēn	票价	piào jià

票：在篆刻文字中，此字被写作“”，表明用四只手（）点燃火（火），使之冒烟（）来发出信号。此字还有一种篆体形式，即“”，代表的是顽皮的鬼火精灵。经过演变，最终定型为“票”字。它由“西”字与“示”字组合而成。

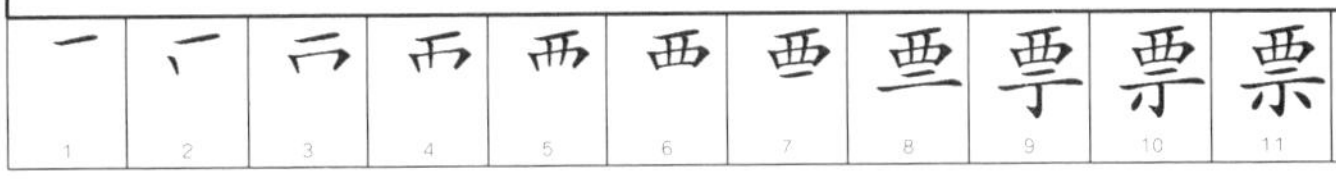

爬

pá

爬虫	pá chóng	爬竿	pá gān
爬犁	pá li	爬山	pá shān
爬行	pá xíng		

爬：此字是由“爪”和“巴”组合而成的象形字。“爪”指代的是右手掌向下，用手指支撑而休息。“巴”指的是翘起尾巴的蛇。因此，“爬”还具有爬行之意。但爬行也不是一帆风顺的，正如谚语所说：“发扬美德就像爬山一样艰难，而邪恶的产生犹如顺水推舟一样简单”。

为

wèi;wéi

为何 wèi hé　　为难 wéi nán
为期 wéi qī　　为人 wéi rén

为：此字的象形字“爲”原来指代的是一只具有人类躯体（爲）特点的母猴。后来“爲”简化成了代表爪子的“爪”字，是因为母猴爱使用爪子。所以，此字在演变过程中就形成了另一种形式“爲”，代表用手梳理丝织物，以去除其中的无用部分，但最终此字还是被定型为“为”。

1	2	3	4
丶	ソ	为	为

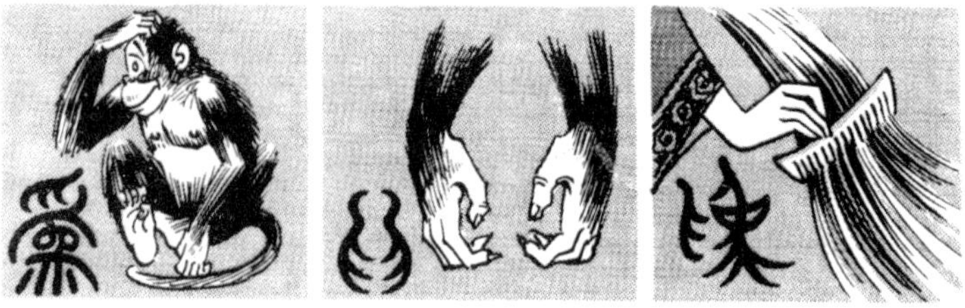

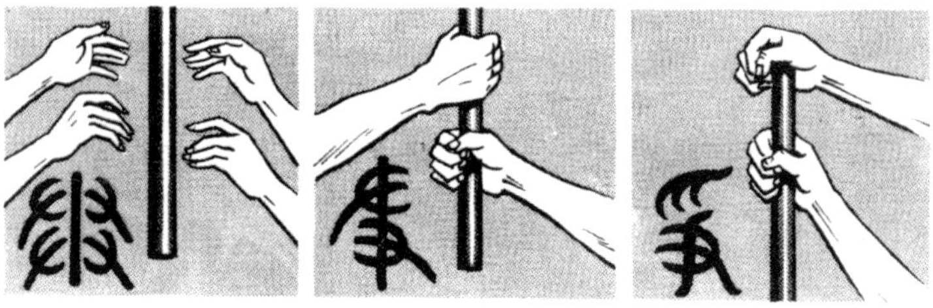

争

zhēng

争辩 zhēng biàn　　争吵 zhēng chǎo
争持 zhēng chí　　争斗 zhēng dòu
争夺 zhēng duó　　争论 zhēng lùn

争：此字为表意文字，意为两只手在拖拉某一物体。原先的字形也勾勒出了双手在争夺中的形态。虽然最终还是左手胜了右手，但这其中并无任何优势可言，也正如谚语所说：“陶器不能碰瓷器，鸡蛋不能碰石头。”

1	2	3	4	5	6
ノ	ク	⺈	刍	刍	争

受

shòu

受苦 shòu kǔ
受罚 shòu fá
受气 shòu qì
受益 shòu yì
受难 shòu nàn
受害 shòu hài
受伤 shòu shāng

受：此字指代的是货物的装载。一只手(爫)在岸上递货，另一只手(又)在船上(舟)接货。在篆体文字中，船被写作"夕"，最终被缩写为"乛"和"冖"。作为表意文字"受"字还具有收到、接受和忍受之意。

1	2	3	4	5	6	7	8
							受

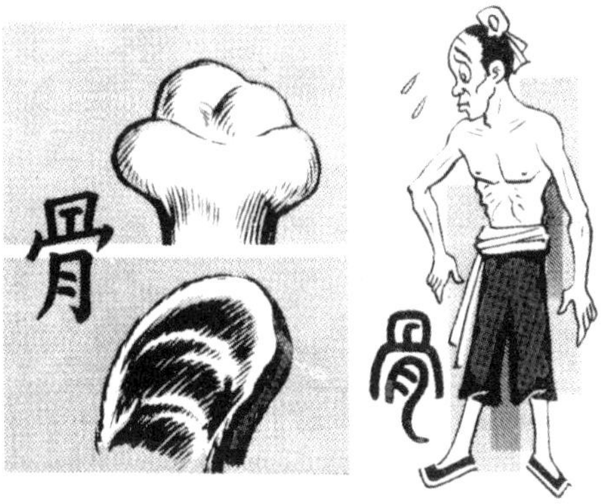

骨

gǔ

骨骼 gǔ gé
骨架 gǔ jià
骨牌 gǔ pái
骨肉 gǔ ròu
骨灰 gǔ huī
骨节 gǔ jié
骨气 gǔ qì

骨：人类身体的基本框架是由骨头与肉合成的。正因为如此，"骨"字由代表骨头的"冎"字与肉字组合而成，并不是"骨头上都长肉"的。正如谚语所说："皮包骨头怎能胖？"

1	2	3	4	5	6	7	8	9
								骨

皮 pí

皮袄	pí 'ǎo	皮包	pí bāo
皮带	pí dài	皮蛋	pí dàn
皮肤	pí fū	皮箱	pí xiāng
皮鞋	pí xié		

皮：此字由代表手部动作的“又”，代表动物皮毛的“丿”及代表小刀的“刀”字组合而成。好名声就像一张上好的毛皮一样可以流芳百世。正如谚语所说：“人死留名，虎死留皮。”

一 厂 广 皮 皮

风 fēng

风采	fēng cǎi	风干	fēng gān
风格	fēng gé	风光	fēng guāng
风浪	fēng làng	风靡	fēng mǐ

风：此字的篆体为“[illegible]”，有人认为昆虫（[illegible]）是在风与水汽（[illegible]）的影响下产生的。此字原形是由“日”、“丿”与“凡”三部分组成，即“[illegible]”。因为人们认为风的产生与阳光有直接关系。经过简化后，此字代表阳光与昆虫的部分被去掉了，最终定型为“风”字。

丿 几 风 风

公 gōng

公道	gōng dào	公共	gōng gòng
公分	gōng fēn	公民	gōng mín
公式	gōng shì	公司	gōng sī
公用	gōng yòng		

公：此字是由“八”（代表划分和相对）与“厶”（代表私有和自私）两部分组合而成的象形字。“公”指代的是一只缩在茧子里的蚕，意为为了公共的利益对私有财产（厶）进行分配（公）。因此，“公”字还具有公共和公正的意义，同时也反对（八）自私自利（厶）。

ノ	八	公	公
1	2	3	4

私 sī

私奔	sī bēn	私立	sī lì
私人	sī rén	私事	sī shì
私语	sī yǔ	无私	wú sī

私：“禾”，即谷物，是人类的主要食物，一种具有很高价值的财产。声旁“厶”指代的是身藏茧中的蚕，意为私人或自私。在古代，收获的粮食（禾），一部分用来交税，剩下的就变为了私有财产（厶），这也正是“私”字的由来。即归于自己的那部分粮食，引申意思为个人、私有和自私。

一	二	千	禾	禾	私	私
1	2	3	4	5	6	7

丝 sī

丝绸	sī chóu	丝带	sī dài
丝毫	sī háo	丝绒	sī róng
丝状	sī zhuàng	肉丝	ròu sī

丝：“纟”的篆体为“糸”，这也是丝字的声旁。“幺”所指代的是两只茧，在它下面的“小”指代的是经过搓捻后形成的一股线。此字还曾被写作“纟”，说明由许多丝线才能织成绸。经过演变，完全相似的两部分被合在了一起，变为现在的“丝”字。

1	2	3	4	5

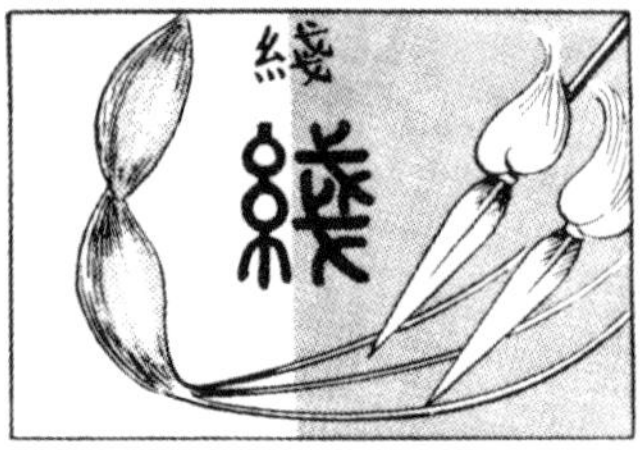

线 xiàn

线虫	xiàn chóng	线段	xiàn duàn
线描	xiàn miáo	线绳	xiàn shéng
线索	xiàn suǒ	光线	guāng xiàn

线：此字是由代表形旁的“纟”与代表声旁的“戋”组合而成，即“綫”(由很多股丝汇集而成)。另一种说法是“線”采用“泉”的音，意为像泉水一样丝丝不断。正所谓“线无针不能用，舟无水不能行”。

1	2	3	4	5	6	7	8

红 hóng

红豆 hóng dòu 红海 Hóng Hǎi
红利 hóng lì 红润 hóng rùn
红晕 hóng yùn 红运 hóng yùn

红：红色是一种欢乐吉祥的颜色，也是最能取悦于中国人的颜色。因为红色不是丝（纟）的本色，只有经过加工漂染（工）之后，才能得到"红"色。

1	2	3	4	5	6													
㇜	纟	纟	纟一	红	红													

给 gěi

给以 gěi yǐ

给：朋友与亲戚之间互赠礼品，尤其是丝绸（纟），可以增进双方之间团结与和谐（合），这就是此字的由来。"给"意为给以或提供。事实上给以本身就是幸福，因为给以所感受到的快乐要比接受所感受到的快乐多得多。

1	2	3	4	5	6	7	8	9										
㇜	纟	纟	纟	纟人	纟今	纶	给	给										

结 jié

结拜	jié bài	结冰	jié bīng
结彩	jié cǎi	结果	jié guǒ
结合	jié hé	结婚	jié hūn
结论	jié lùn		

结：声旁“吉”意为幸运、吉利，是值得人们宣布的事情，而形旁“糸”（丝）则指代的是一些注定能获得成功的事情，例如：协议的签订所获得的丰收、联结等。图中所示是一件值得宣布的事，即喜结良缘。

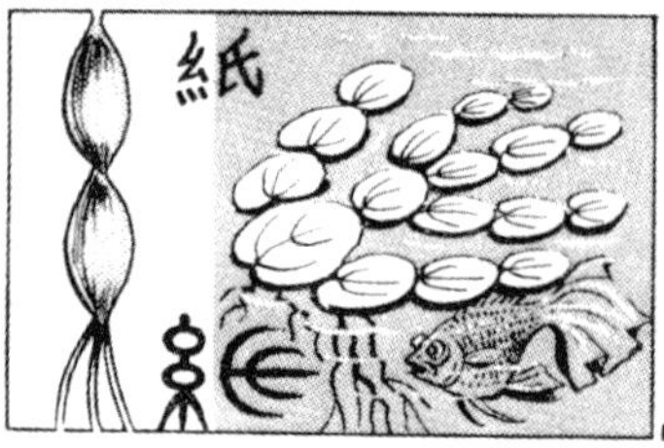

纸 zhǐ

纸板	zhǐ bǎn	纸币	zhǐ bì
纸盒	zhǐ hé	纸花	zhǐ huā
纸牌	zhǐ pái		

纸：声旁“氏”原先指代的是扎根于水底后飘浮（ee）在水面的植物（屮），形旁“糸”指代的是只有铺开才能用于写字的材料。虽然丝（糸）一般的纸张就像水中的植物（氏）一样无毒无害，但需要注意的是：“纸笔杀人不见血”。

网

wǎng

网罗	wǎng luó	网球	wǎng qiú
电网	diàn wǎng	发网	fà wǎng
鱼网	yú wǎng	蜘蛛网	zhī zhū wǎng

网：此字是一个象形字。原先的“網”字是由代表丝绸的“糸”字与代表陷阱及圈套的“罔”所组成。此字最终定型为“网”。但正如谚语所说：“人们总是一天打鱼，一天晒网。”

1	2	3	4	5	6
丨	冂	冂	冈	网	网

细

xì

细胞	xì bāo	细长	xì cháng
细工	xì gōng	细节	xì jié
细菌	xì jūn	细密	xì mì
细腻	xì nì		

细：代表声旁的“田”字最早被写成“囟”，指代的是由高处俯视儿童嫩嫩的脑门。“细”字表示像丝织（糸）一般的纤细、脆弱、柔软。“细水长流”是一句谚语，告诫人们要勤俭持家。

1	2	3	4	5	6	7	8
𠃋	纟	纟	纟	纫	纲	细	细

经

jīng

经常	jīng cháng	经典	jīng diǎn
经度	jīng dù	经费	jīng fèi
经管	jīng guǎn	经过	jīng guò

经:声旁“亙”最早被写成“巠”,指代的是被风水先生所观测(壬)到的,不同寻常,深藏于地下(一)的水流(巛)。同时,原先的声旁“巠”象征织布机上的线。用丝线(糸)织出的珍贵的丝织物,就像集智慧为一体的古典文学(經)一样。经典作品是被历代人传颂的文化遗产。

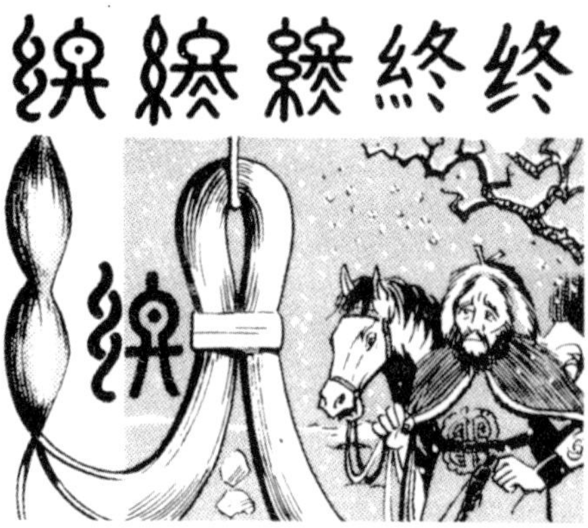

终

zhōng

终点	zhōng diǎn	终古	zhōng gǔ
终归	zhōng guī	终究	zhōng jiū
终身	zhōng shēn		

终:此字的声旁为“冬”,它的篆体为“夂”,意为绑在一股丝绸末端的带子(夂)。加上表示冰的“冫”,指代的是一年之终,即冬天。形旁“纟”表示丝线的末端。最后“纟”与“冬”结合就成了“终”。

药

yào

草药 cǎo yào　　药方 yào fāng
药房 yào fáng　　药水 yào shuǐ
药丸 yào wán　　服药 fú yào
火药 huǒ yào

药：草药(艹)就像音乐一样可以抚慰人们的心灵，也可以使人们保持健康(樂)。经过简化后的“药”字把“艹”与“约”(很约束，阻止)字相结合，意指草药可以阻止疾病的产生。尽管草药可以治愈多种疾病，但“粗俗之人是无药可治的”。

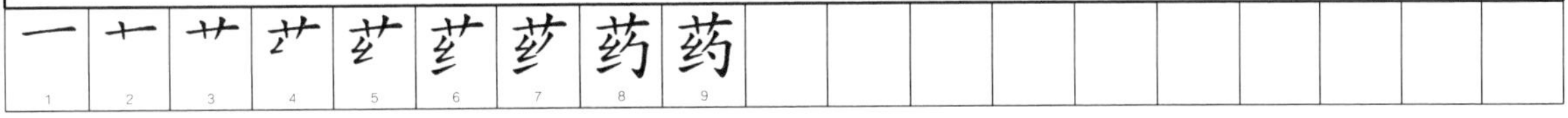

学

xué

学费　xué fèi　　学府　xué fǔ
学科　xué kē　　学生　xué shēng
学识　xué shí

学：表意文字的“学”具有教导、启迪之意，指代的是教师交叉(爻)着双手(臼)用于驱散笼罩在(冖)学生(子)脑海中的疑团。这就是指学习。学习对孩子的成长很关键，正如人们常说的：“养儿不教如养驴，养女不教如养猪。”

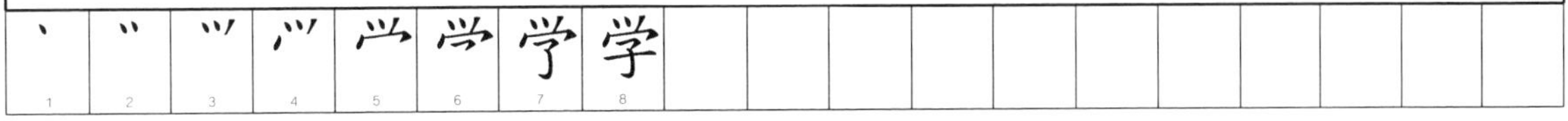

写 xiě

写实　xiě shí　　写稿　xiě gǎo
写生　xiě shēng　写作　xiě zuò

写："寫"意为在屋檐下(宀)的一只喜鹊(舄)。喜鹊作为一种象征吉祥的鸟，喜爱干净并喜欢衔叼及藏匿发光的物体。因此"寫"被解释为在屋檐下进行整理。其延伸之意为整理思绪并把所想好的写出来。经过演变，此字最终被简化为"写"。

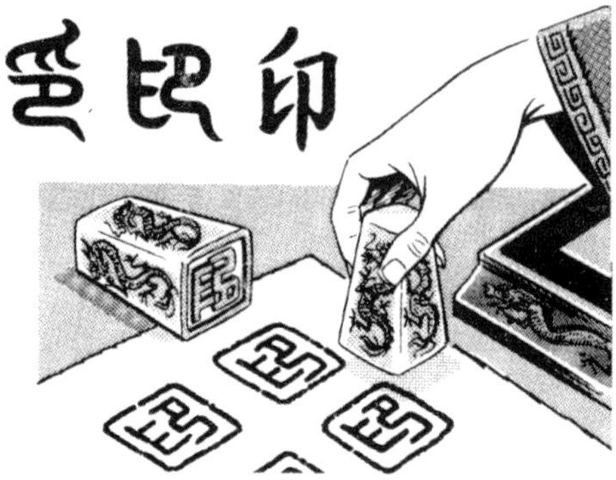

印 yìn

印发　yìn fā　　印盒　yìn hé
印花　yìn huā　印刷　yìn shuā
印象　yìn xiàng　印章　yìn zhāng
盖印　gài yìn

印：用右手(⺕)按住一个印章(卩)，即"印"。原先的意思是在黏土上印盖图案。经过演变成了在纸上印盖图案。随着活字印刷术的产生，此字的意思又进了一步，意为盖印或印刷。

书 shū

书包 shū bāo　书报 shū bào
书本 shū běn　书店 shū diàn
书法 shū fǎ　书房 shū fáng

书:“書”是用笔(聿)进行语言或文字表述的产物。它表示手(⺕)握住一枝笔(丨)在牌匾上画出的一条横线(一)。形旁“曰”指代的是口中(口)的言语(一)。但书中所说的并非全部正确。所以人们还是不要照本宣科盲目相信书本上所说的为好。

1	2	3	4
㇇	㇋	书	书

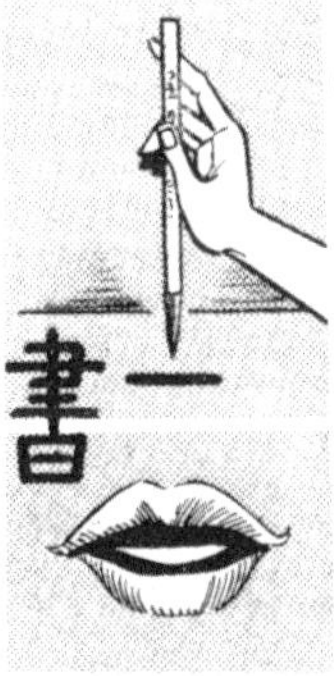

画 huà

画报 huà bào　画家 huà jiā
画架 huà jià　画廊 huà láng
画室 huà shì　画像 huà xiàng
画展 huà zhǎn

画:“畫”是由象征着书画家画笔的“聿”和作品的“田”及画框底部的“一”组合而成。简化后的“画”字是由代表作品的“田”字与代表框架的“凵”组合。画蛇添足的行为纯粹多余。人们的需要也一定要切合实际,不要“画饼充饥”。

1	2	3	4	5	6	7	8
一	丅	丙	両	画	画	画	画

王 wáng

国王	guó wáng	王朝	wáng cháo
王储	wáng chǔ	王法	wáng fǎ
王宫	wáng gōng	王牌	wáng pái
王室	wáng shì		

王：三条横线（三）分别代表上天、人类与土地。由垂直的“丨”相连后便形成了代表在天地之间具有绝对权威的君王，即“王”。而早先作为象形字的“王”代表一串只有君王才能佩戴的翡翠念珠。

一 二 干 王

玉 yù

玉雕	yù diāo	玉器	yù qì
玉色	yù sè	玉蜀黍	yù shǔ shǔ
玉簪	yù zān		

玉：“三”象征着三块吊在一起代表君主身份的翡翠。为了与“王”字加以区别，就加上了“、”。“玉”便成了上等与纯洁的象征。因为真正的玉往往身藏于粗石之中，很难发现。人们常说：“玉不琢，不成器。”

一 二 干 王 玉

国 guó

国宾　guó bīn　　国策　guó cè
国产　guó chǎn　　国都　guó dū
国法　guó fǎ　　国防　guó fáng

国:“国”字是由象征土地与边界的“口”与嘴(口),及矛(戈)组成。因此“国”代表一定范围内的土地、人民及武器。简化后,只有“玉”放在表示国界的“口”中,成为“国”。而君主对于臣民的需要就像人民对于食品的需要一样热切,正如人们所说:“人是国家源,粮为人必需。”

现 xiàn

现场　xiàn chǎng　　现成　xiàn chéng
现代　xiàn dài　　现款　xiàn kuǎn

现:代表形旁的“王”意为翡翠,代表声旁的“见”则代表人(儿)的双眼(目),意为观看。“现”字同时还描述出宝石发光时的景象。同时,它也告诫人们外表具有很强的欺骗性,是靠不住的。正如谚语所说:“具有美德的人往往没有华丽的外表,并且不擅于花言巧语。”

理

lǐ

理性 lǐ xìng　　理由 lǐ yóu
理发 lǐ fà　　理想 lǐ xiǎng
理智 lǐ zhì

理：此字由代表形旁的“王”字与代表声旁的“田”字与“土”字组合而成。人们把切割翡翠与分割田地相提并论，因为切割翡翠与分割田地都应遵循一定的规则与原则。因此，“理”字的引申之意为“原因、原则”。有句谚语说：“一个没有原则的天才不如一个有原则的笨蛋。”

1	2	3	4	5	6	7	8	9	10	11
一	二	干	王	玎	玑	玔	珂	玾	理	理

主

zhǔ

主办 zhǔ bàn　　主持 zhǔ chí
主动 zhǔ dòng　　主队 zhǔ duì
主妇 zhǔ fù

主：作为象形字的“主”为一盏冒着火焰的油灯。它意为君主或主人手托闪烁着亮光的油灯来传播光明。如果你想要在事业上成功，下面的建议或许可以带来一些启迪：“用人不疑，疑人不用。”

1	2	3	4	5
丶	亠	亠	十	主

住 zhù

住户 zhù hù　　住口 zhù kǒu
住手 zhù shǒu　　住宿 zhù sù

住:“人”字与“主”字组合,即为“住”。在古代,男人(人)往往是一家之主(主),于是“住”字就含有了居住、逗留之意。在现代社会中,有些丈夫仍旧是一家之主。

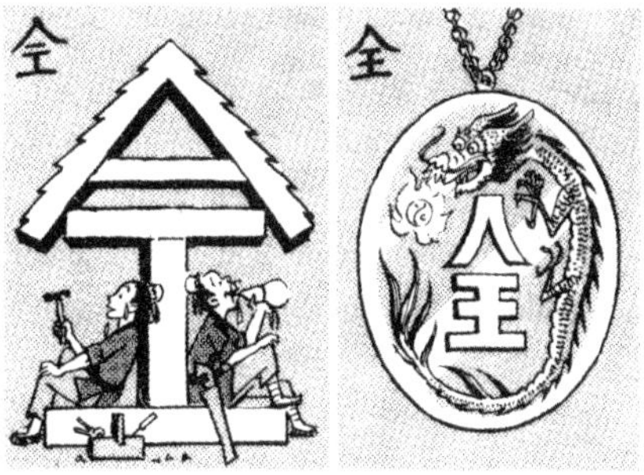

全 quán

全部 quán bù　　全才 quán cái
全场 quán chǎng

全:此字最早被写为“仝”或“仝”,表示合起来的(亼)工作(工),意为完成。例如:原件装配好了,工作完成了。经过演变,此字变成了由代表玉的“王”或“玉”字与代表镶嵌的“入”字组合而成的“全”,表示完美。虽然追求完美不是至关重要的事,但正如谚语所说:“宁取烂玉,不要精瓦。”

米 mǐ

米粉　mǐ fěn　　米酒　mǐ jiǔ
米粒　mǐ lì　　米色　mǐ sè
米制　mǐ zhì

米：象形字“米”代表水稻的根茎。最早是由九粒谷子“⁙”所组成。经过演变后，最终形成了“米”字。象征着脱粒后的谷物（⁙）被分播在四个方块（+）之中。虽然吃饭用的碗代表着廉洁的生存之道，但俗语说：“用不正当手段获取的米煮饭，煮不出香喷喷的米饭。”

1	2	3	4	5	6
丶	丷	䒑	半	米	米

气 qì

气喘　qì chuǎn　　气氛　qì fēn
气愤　qì fèn　　气候　qì hòu
气力　qì lì　　气球　qì qiú
气温　qì wēn

气：此字指代的是由上升的蒸气而形成的朵朵白云。最早“气”是由代表太阳的（⊙）与代表火焰的（火）组合而成，即可以产生蒸汽的“炁”。经过演变后，“氣”意为冒着热气（气）的米饭（米），最后简化为“气”。此字含有空气、气息及生气之意。

1	2	3	4
ノ	𠂉	𠂉	气

饱 bǎo

饱含 bǎo hán　饱和 bǎo hé
饱满 bǎo mǎn　饱学 bǎo xué

饱：最早“飽”字由代表声旁的“包”字与代表食物的“食”字组合而成。篆体中的“包”字被写作“包”，指代的是母体中的胚胎，意指包起来。“飽”指代的是所有被胃包起来的食物，即吃得很饱。但有句俗语说：“宁要饥与纯，不要肥与堕。”

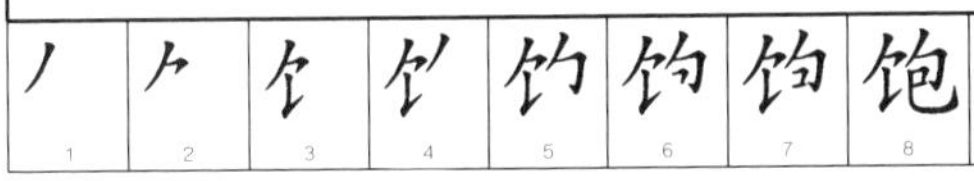

饿 è

挨饿 ái 'è
饥饿 jī 'è

饿：“饿”字由作为形旁的“食”与代表我字的“我”结合而成，意为喂我。同时，另一个代表饥饿的字为“饑”。它可以解释为：一点儿（幾）食物（食），简化字为“饥”，指代的是放在小桌（几）上的食物（饣）。虽然人们都会有饥饿的时候，但廉者是不会接受嗟来之食的。

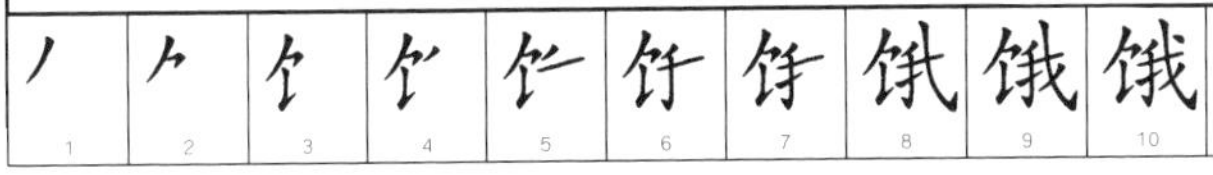

馆 guǎn

旅馆　lǚ guǎn
美术馆　měi shù guǎn
体育馆　tǐ yù guǎn
图书馆　tú shū guǎn

馆：早先的"館"字由"食"与"官"组合而成。象征声旁的"官"字指代的是城中(𠂤)的官邸(宀)。"食"与"官"合在一起指代的是卖食品的场所例如：酒店、餐馆或饭庄等。所以有人说："酒店老板从不会为你的胃口之大而担心。"

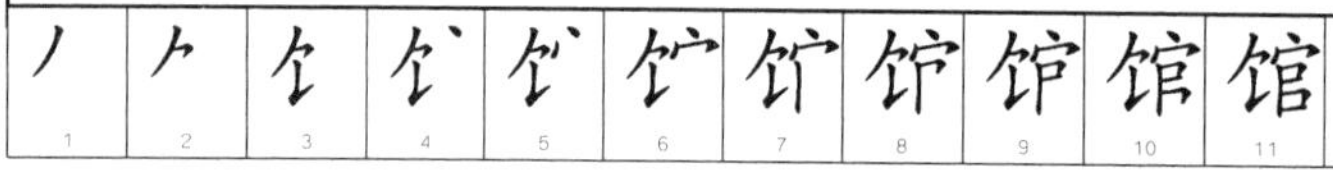

饮 yǐn

饮茶　yǐn chá	饮弹　yǐn dàn
饮恨　yǐn hèn	饮料　yǐn liào
饮泣　yǐn qì	饮食　yǐn shí

饮：此字由代表形旁的"食"字与代表声旁的"欠"字组合而成。原先作为象形文字的"欠"意为张嘴呼吸，就如饮酒一样"欠"。而"欠"经过演变后成了"旡"，指代的是从人体(儿)上散发出的气味(彡)。这个字的原形极像一只酒瓶(酉)，这也是一个表示食物的部首。

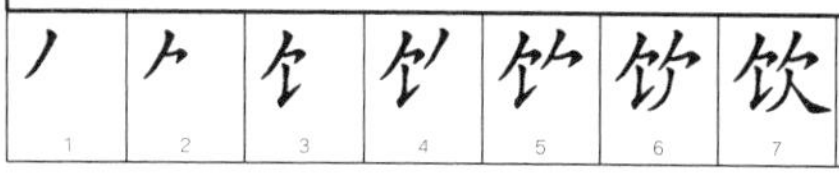

车 chē

汽车	qì chē	车床	chē chuáng
车费	chē fèi	车祸	chē huò
车间	chē jiān	车辆	chē liàng

车：此字指代的是用鸟瞰的方式来观察一辆车。而“車”字是由代表车体的“田”，代表双轮的“二”及代表轮轴的“丨”组合成的。原先的“車”并不像马车、战车或大车那样多变。但不管如何变化，车过总会留辙；如人们办事一样，应该做到“前事不忘，后事之师”才对。

一 … 车（1–4）

轰 hōng

轰动	hōng dòng	轰击	hōng jī
轰隆	hōng lōng	轰鸣	hōng míng
轰炸	hōng zhà		

轰：此字原先是由三个车字组合而成，即“轟”，代表许多马车在行进过程中所发出的声响。经过演变，位于底部的两个“車”字被“双”字所代替，成为“轰”。“又”本身指代右手，在吃饭时右手不停地往嘴里送食物，表示“再次”。

一 … 轰（1–8）

轮 lún

轮班 lún bān　　轮齿 lún chǐ
轮船 lún chuán　　轮渡 lún dù
轮换 lún huàn　　轮机 lún jī
轮胎 lún tāi

轮：此字的形旁为“車”，声旁为“侖”，意为马车。因为只有靠轮子，车辆才能前进。马车的轮子排列有序，协调一致，运行稳健。同时也象征那些用竹片写好有序地捆绑在一起（亼）进行保存的古代文件（冊）。

1	2	3	4	5	6	7	8
一	𠃋	车	车	车丿	车人	车亼	轮

库 kù

军械库 jūn xiè kù
仓库 cāng kù　　库藏 kù cáng
库存 kù cún　　库房 kù fáng

库：代表屋顶的“亠”象征着一间小棚屋，而“广”则代表了半间敞着前脸的篷子。“庫”的原意为搁放马车的篷子，但不久它便被用来贮藏粮食和其他物品。最后此字便具有了货栈、谷仓及仓库的意思。

1	2	3	4	5	6	7
丶	亠	广	广	庄	庄	库

军 jūn

军备 jūn bèi　　军部 jūn bù
军操 jūn cāo　　军车 jūn chē
军队 jūn duì　　军法 jūn fǎ
军港 jūn gǎng

军：篆体的“車”字指代的是由一群士兵(冖)护送的战车(軍)。正所谓“养兵千日，用兵一时”，而在关键时候，“胜者为王，败者为寇”。

1	2	3	4	5	6
					军

斩 zhǎn

斩断 zhǎn duàn
斩首 zhǎn shǒu

斩：“斬”字由代表战车的“車”字与代表士兵手中利斧的“斤”字组合而成，具有手舞利斧砍杀敌人之意。它也可以理解为用手舞动(車)战斧(斤)。但斩杀一名敌人并不能解决一切麻烦。正如俗话所说：“斩草还需除根。”

1	2	3	4	5	6	7	8
							斩

轿 jiào

轿车　jiào chē
轿子　jiào zi
花轿　huā jiào

轿：此字由代表运输工具的“車”字与代表轿子的“喬”字组合而成。声旁“喬”由描述人弯身前倾的“夭”与表示高度的“高”字组合产生。虽然身居高位和有权势的人往往会选择轿为交通工具，但正如俗话所说：“坐轿抬轿都是人。”

1	2	3	4	5	6	7	8	9	10
一	𠂉	车	车	车	车	轩	轿	轿	轿

软 ruǎn

软钢　ruǎn gāng
软骨头　ruǎn gǔ tou
软骨　ruǎn gǔ　　软化　ruǎn huà

软：此字由代表具有良好机动性的“車”字与“欠”字组合而成，意为柔软的、虚弱的、易弯的、灵活的。“欠”象征着一个人（儿）张口喘气（彡）。此字还被写作“輭”。而代表声旁的“耎”字则象征着男子（大）柔软的胡须（而）。

1	2	3	4	5	6	7	8
一	𠂉	车	车	车	车	软	软

连 liấn

连忙 lián máng　　连日 lián rì
连同 lián tóng　　连续 lián xù

连：早先此字由“車”字与“⻌”组合而成，表示通过车辆把各地方连接起来。“連”字还象征着一队正在行进中(⻌)的马车。代表链子的“鏈”字则表示连在一起的(連)一串金属(金)。

一	七	𠀆	车	丶车	讠车	连
1	2	3	4	5	6	7

莲 lián

莲花 lián huā　　莲蓬 lián péng
莲子 lián zǐ

莲：莲花是一种飘浮在水面上的植物(艹)，像连起来的一串花(連)。因为它出淤泥而不染，所以它也是纯洁的象征。而加上“氵”的“連”字，则象征着一连串的水波，即水中涟漪。

一	十	廾	艹	艹七	艹𠀆	荤	莗	莲	莲
1	2	3	4	5	6	7	8	9	10

父 fù

父母 fù mǔ　　父亲 fù qin
父权制 fù quán zhì　　父兄 fù xiōng

父：父亲总是通过表扬儿子来抬高自己。“父”字的篆体为“[篆体字形]”，象征着一位右（又）手持权力之棍（丨）的严父。经演变，代表权力的棍子（丨）消失了，成了“[字形]”，最终变为“[字形]”。很显然，“治国易，而治家难”。

1	2	3	4
丿	八	⺈	父

巾 jīn

巾帼 jīn guó　　餐巾 cān jīn
手巾 shǒu jīn　　头巾 tóu jīn
围巾 wéi jīn

巾：此字为象形字，象征着一块系在腰间的用于清洁的抹布。古时候用于擦灰尘的手巾是挂在腰间的。“冂”代表一块布的两头，而“丨”则代表布垂吊在腰带上。同时，“巾”也是偏旁，能组成许多与布有关的字。

1	2	3
丨	冂	巾

布

bù

布道　bù dào　　布丁　bù dīng
布防　bù fáng　　布告　bù gào
布谷鸟　bù gǔ niǎo

布：此字由代表布的形旁“巾”与声旁“父”结合而成。“父”字的篆体为“布”。“父”是一幅手持权力之棍（丨）的右手（又）的画面，意为纪律、命令。正如人们所说：“织布太快只能织次布，急于结婚的女孩只能搭个蠢丈夫。”

一	ナ	才	右	布
1	2	3	4	5

帚

zhǒu

扫帚　sào zhou
扫帚星　sào zhou xīng

帚：此字的篆体为“帚”，后演变为“帚”。它由象征着手的“又”字，双层布料的“巾”字和手柄（丨）结合而成“帚”（帚）。由于是手（扌）拿扫帚（帚），所以就成了“掃”。有句俗话说：“个人自扫门前雪，哪管别人瓦上霜”。

㇇	⺕	⺕	彐	彐	帚	帚	帚
1	2	3	4	5	6	7	8

妇 fù

少妇 shào fù　　夫妇 fū fù
妇产科 fù chǎn kē　　妇女 fù nǚ

妇：原先此字是由“女”字和“帚”字所组成，即“婦”，指代的是已婚妇女。经过演化，由“女”字和代表帮手的“彐”组合成“妇”。同时“妻”字也可作为对已婚妇女的称呼。此字象征着手持（彐）扫帚（十）的妇女（女），但不管“妻”字如何写，“一女不能嫁二夫”。

帝 dì

皇帝 huáng dì　　上帝 shàng dì
帝国 dì guó　　帝王 dì wáng
帝制 dì zhì

帝：找出适合皇帝的象征物可不容易。此字的原型为“[illegible]”和“[illegible]”，意为身穿龙袍的真命天子。经过演变，此字又添加上了代表双臂的两笔，即“[illegible]”，后来下半部分则演变为“[illegible]”形成了“[illegible]”，最后定型为“帝”。俗话说：“伴君如伴虎。”

带 dài

录音带 lù yīn dài　热带 rè dài
带累 dài lěi　带领 dài lǐng
带路 dài lù

带：此字为象形字，指代的是古人使用的带有吊饰的腰带，即“卌”，而处在底部的“帀”象征着叠在一起的两条“巾”。此字还可以指常挂在腰间上的物品，所以“带”字还具有携带、穿戴之意。

帽 mào

帽徽 mào huī
帽了 mào zi

帽：声旁“冃”字意为冒失，是由代表眼睛的“目”字与代表盖着的“冂”字组合而成。“冂”指盖着（冂）某物（“一”或“头”）。而“冃”字与代表声旁的“巾”字组合之后，便成为了“帽”字。

常

cháng

常会	cháng huì	常见	cháng jiàn
常年	cháng nián	常人	cháng rén
常用	cháng yòng	常驻	cháng zhù

常：此字由代表布料的偏旁“巾”与声旁“尚”组合而成。“尚”指代的是房屋的上半部分，有屋顶（冖）、烟囱（丨）和能够遮挡（口）风雨的屋脊（八）。“尚”还可以代表一直飘扬在指挥所上方的旗帜（常）。

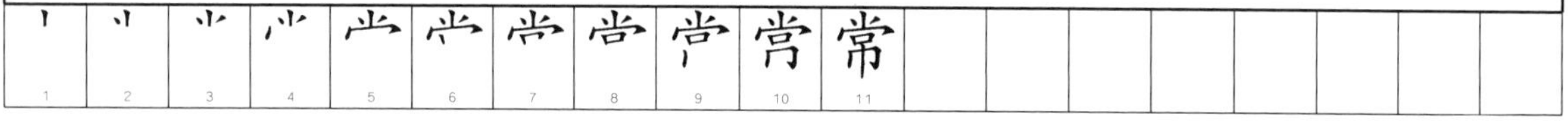

帮

bāng

帮忙	bāng máng	帮手	bāng shǒu
帮凶	bāng xiōng	帮助	bāng zhù

帮：在封建社会，帝王都是依靠贵族的支持来一统天下的。此字的篆体为“封”和“帛”。“封”意为在贵族统治下的（寸）土地（土）与庄稼（屮）。“帛”则指代的是捐献的丝绸或财物。在现在的“帮”字中，声旁“邦”是由代表木材的“丰”及代表城市的“阝”组合而成。

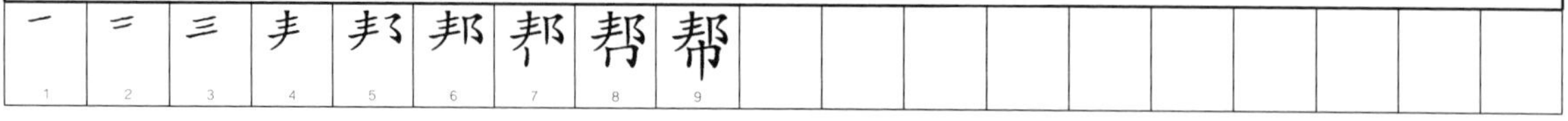

衣 yī

衣橱 yī chú　　衣服 yī fu
衣架 yī jià　　衣鱼 yī yú

衣：此字象征着衣物的外部轮廓。上半部分指代的是带有袖子的外衣，下半部分则指代的是飘动着的长裤。作为象形字的“衣”也同时为许多与衣物有关的词语充当形旁。但正如人们所说的，我们不可以貌取人。“你可以换衣服，但你不能改变一个人。”

裤 kù

短裤 duǎn kù
裤子 kù zi

裤：此字是由代表形旁的“衣”字与代表声旁的“库”字组合而成。“库”指代的是中式宽松而肥大的裤子。此字还可被写作“绔”，它的声旁“夸”（意为大话或大声喊叫），形旁则为“衣”（代表衣物）。而“衫”字则是由代表衣物的“衣”和代表为人体保暖的羽毛的“彡”组合而成。

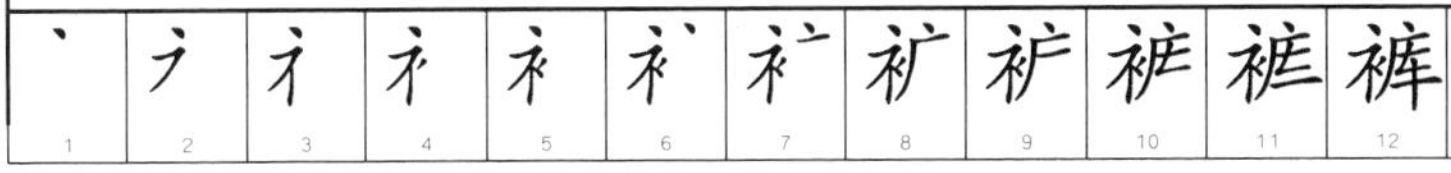

被

bèi

被捕	bèi bǔ	被单	bèi dān
被动	bèi dòng	被俘	bèi fú
被告	bèi gào		

被：此字指代的是床布或毯子。声旁“皮”或“[illegible]”指代的是用手中的([illegible])尖刀([illegible])剥下动物的皮毛([illegible])。此字同时还具有忍受和被动的意义。而由“衣”字与“包”字组合成的“袍”字指代的是可以裹在身体外边进行保暖的长袍或长外套。

表

biǎo

表层	biǎo céng	表达	biǎo dá
表决	biǎo jué	表露	biǎo lù
表面	biǎo miàn		

表：此字是由“衣”字与“毛”字组合而成，意为表露或表达。原先的衣物表面都被一层皮毛所覆盖。转意之后的“表”在文学上指代的是衣物或外表，但外表往往会引起误导。但正如人们所说：“人不可貌相，水不可斗量。”

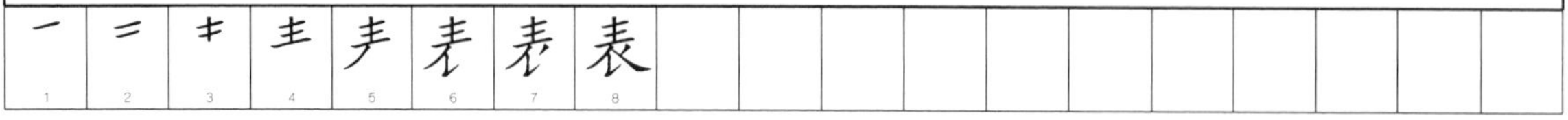

片 piàn

片段　piàn duàn　　片刻　piàn kè
片时　piàn shí

片：在生活中，人们往往等不到树长大成材被劈成两半（即"爿"和片）的时候。"爿"指代的是可以做床用的木板，而"片"则指代的是一块或一片木头。把"爿"与"片"相结合后，就成了"鼎"。"鼎"字的形旁部分分别由代表木材的"木"（爿）和作为偏旁的"片"组合而成。正如俗话所说："想要早上种树，晚上成材是不可能的。"

1	2	3	4
丿	丿丨	丿丨一	片

床 chuáng

单人床　dān rén chuáng
双人床　shuāng rén chuáng
床单　chuáng dān
床垫　chuáng diàn
床位　chuáng wèi
床罩　chuáng zhào

床：代表木材的"爿"意为用于打造木床所需要的厚木板。将"爿"与"木"相结合后，便成为"牀"字（意为木床）。此字的另一种写法为"床"，是由代表屋顶的"广"字与代表木材的"木"字结合而成。人们造床是为了睡觉而用，但"如果睡不着的话，请不要埋怨床"。

1	2	3	4	5	6	7
丶	亠	广	广一	庁	庂	床

墙

qiáng

墙壁　qiáng bì　　墙角　qiáng jiǎo

墙脚　qiáng jiǎo

墙：此字篆刻体的声旁为“”，意为谷物（）被存入（）具有双层墙壁的谷仓内（）。声旁“”是为了强调墙壁的坚硬，同时也是一种力量的象征。由于墙壁是由黏土与泥土（）混合制成的，所以此字最终被写为“”。城墙虽然可以起到防御作用，但城市的创造还要归功于人类的贡献，而不是墙。

1	2	3	4	5	6	7	8	9	10	11	12	13	14

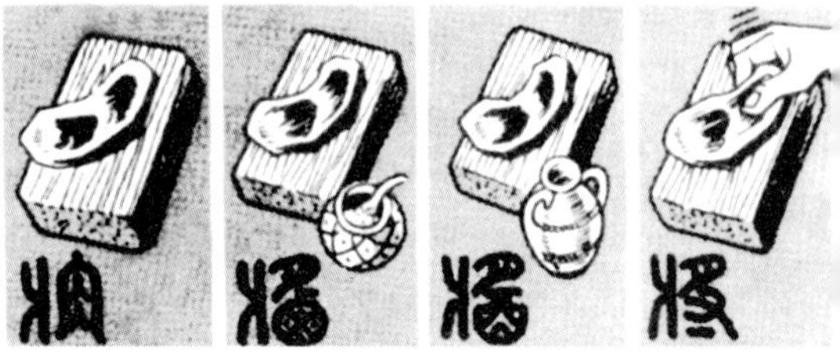

将

jiāng

将近　jiāng jìn　　将军　jiāng jūn

将来　jiāng lái

将：此字具有很多种篆体形式，分别具有不同的含义：

“”意为放在肉板（）上的肉（）。

“”意为放在肉板（）上的肉（）及食盐（）。

“”意为放在肉板上（）的肉（）及盐水（）。

“”意为手（）把一块肉（）放在肉板上。

此字的延伸之意为奉献、滋养、帮助、处理，还有将来的意义，此字还可以用于称呼领导者和军队的将官。

1	2	3	4	5	6	7	8	9

壮 zhuàng

壮胆 zhuàng dǎn 壮丽 zhuàng lì
壮烈 zhuàng liè 壮士 zhuàng shì
壮实 zhuàng shi

壮：此字在文学上的意义为能够给人们留下深刻印象（爿）的人（士），或自命不凡的人。延伸之意为强壮、壮实。与“壮”字相像的“妆”字意为通过化妆整理能给人留下深刻印象的女人。

1	2	3	4	5	6
丶	冫	丬	丬一	壮	壮

装 zhuāng

装扮 zhuāng bàn 装备 zhuāng bèi
装糊涂 zhuāng hú tu 装货 zhuāng huò
装甲车 zhuāng jiǎ chē

装：此字的声旁为“壮”，意为强壮、壮实。最早此字用来形容人的外表。作为形旁的“衣”字，意为身着不属于自己身份地位的服装，含有欺诈、蒙骗之意。它的延伸之意还包括：包装、装假或装填。

1	2	3	4	5	6	7	8	9	10	11	12
丶	冫	丬	丬一	壮	壮	壮	奘	奘	装	装	装

夕 xī

夕烟 xī yān　　夕阳 xī yáng
夕照 xī zhào

夕："夕"字描绘出了一幅在薄暮之时跃升至地平线上的一轮下半部被青山遮挡住的弦月的景象。此字的延伸之意为薄暮、黄昏。对人类来说，月亮的升起意为机遇的到来，但正如谚语所说："机遇不可能从天而降。"

丿 ⺈ 夕
1 2 3

多 duō

多半 duō bàn
多方面 duō fāng miàn
多民族 duō mín zú
多余 duō yú

多：经过昼夜在田野中的辛勤劳作，人们终于在度过一个又一个夜晚（夕）之后，收获了劳动的果实。代表许多夜晚的"多"字意为许多、很多。经过辛勤劳作后所收获的丰厚（多）的果实（果）产生出了一个新字，即"夥"，正如谚语所说："一分耕耘，一分收获。"

丿 ⺈ 夕 ⺈ 多 多
1 2 3 4 5 6

够 gòu

够本　gòu běn
够朋友　gòu péng you
够受的　gòu shòu de
够意思　gòu yì si

够："句"是由代表勾子的"勹"和"口"字（具有诱惑之意）组合而成。"多"意为很多、许多。所以，"够"字含有足够、充分之意。但并非事事如此，正如谚语所说："百年创业，毁于一旦。"

丿	勹	勹	句	句	句	句	句	够	够	够
1	2	3	4	5	6	7	8	9	10	11

外 wài

外币　wài bì
外表　wài biǎo
外公　wài gōng
外边　wài bian
外宾　wài bīn

外：此字是由代表夜晚的"夕"和含有占卜之意的"卜"组合而成。而占卜（卜）只有在天黑之前破解加热后的乌龟身上的纵横条纹才能奏效。由此，"外"还指代外边、外围之意。借助外界的帮助，许多人花起钱来十分慷慨。因为他们相信这句谚语："有钱能使鬼推磨。"

丿	夕	夕	外	外
1	2	3	4	5

梦 mèng

梦话　mèng huà　　梦幻　mèng huàn
梦境　mèng jìng

梦：此字篆刻体的构成足以引起人们的恶梦。此字原先意为双眼（目）紧闭（冂）之后所梦见的可怕景象（苜），即“瞢”。因为人们常在夜间熟睡时做梦，所以“夕”字最终取代了“目”字，变为“梦”，最终定型为“梦”（意为夜间之树）。不幸的是：“美好的梦想总是破灭得很快。”

一	十	才	木	木一	村	材	林	林	梦	梦
1	2	3	4	5	6	7	8	9	10	11

夜 yè

开夜车　kāi yè chē　　夜班　yè bān
夜半　yè bàn　　夜工　yè gōng
夜盲　yè máng

夜：此字的篆体为“夾”，意为人们（大）在夜间（夕）侧身而睡（丿）。经过演化，“夜”表示某人（亻）夜间（夕）在屋内（亠）侧身而睡（㇏）。假如睡觉只指晚上的话，那么白天也可视为晚上，因为有人白天也睡觉，正如我们图中所示。

丶	亠	广	亻	疒	夜	夜	夜
1	2	3	4	5	6	7	8

从 cóng

从容　cóng róng　　从此　cóng cǐ
从简　cóng jiǎn

从："從"字代表两个人（从）的行走（彳）与止步（止）。在篆体中"彳"与"止"结合成为"辵"。而经过演变后的简体"从"则指代跟在某人之后的另一个人。跟着别人走十分简单，正如谚语所说："论事容易，做事难。"

丿	人	从	从															
1	2	3	4															

得 dé

得到　dé dào　　得分　dé fēn
得奖　dé jiǎng　　得胜　dé shèng
得益　dé yì

得：此字的形旁"彳"指代的是步伐，声旁是"㝵"，意为伸手（寸）去抓已经映入眼帘（見或旦）的物品，含有索取之意。但获得财物并非一件容易之事，正如谚语所说："赚钱如同土中挑针，而花钱则如清水冲沙。"

丿	彳	彳	彳	彳	彳	彳	得	得	得	得								
1	2	3	4	5	6	7	8	9	10	11								

德 dé

德国　Dé Guó　　德行　dé xíng
德育　dé yù　　品德　pǐn dé

德：“直”意为经过十只（十）眼睛（目）检测过的垂直物体（一）。而“心”则指心脏。所以，声旁“惪”中含有心直口快之意，形旁“彳”象征着通向美德的大门。因此，一个人的道德如何还要依据他的实际行动来判定，正如谚语所说：“说得好不如做得好。”

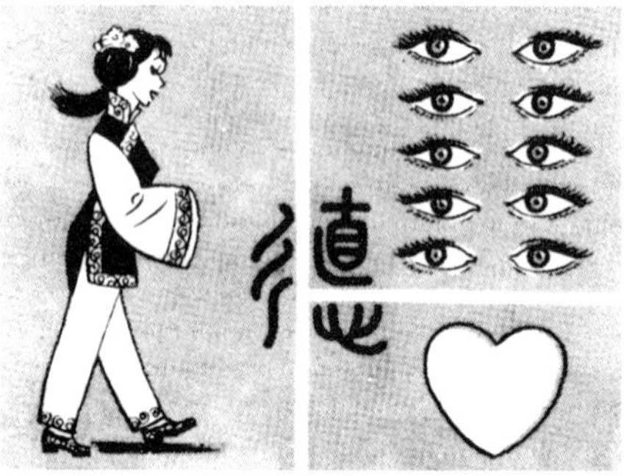

律 lǜ

律吕　lǜ lǚ　　律师　lǜ shī

律：声旁“聿”指代的是书写的规则，象征着手握（⺕）一支笔（丨）在牌匾上进行书写（一）；形旁“彳”意为使用某些法律程序来保护市民，但“为了某些事而诉诸法律是得不偿失的”。

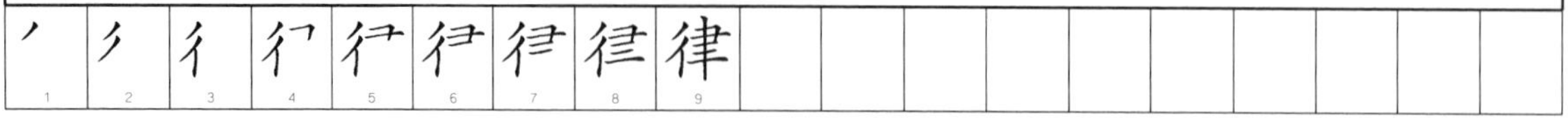

待 dài

待命　dài mìng　　待续　dài xù
待遇　dài yù

待：此字的右半部分“寺”指代的是法律法规（寸），可以像生长的植物（彳）一样不断地生效。形旁“彳”意指对他人要以诚相待。但如果要做到：“人人为我，我为人人”，还需要一定的耐心和自身的不断努力。

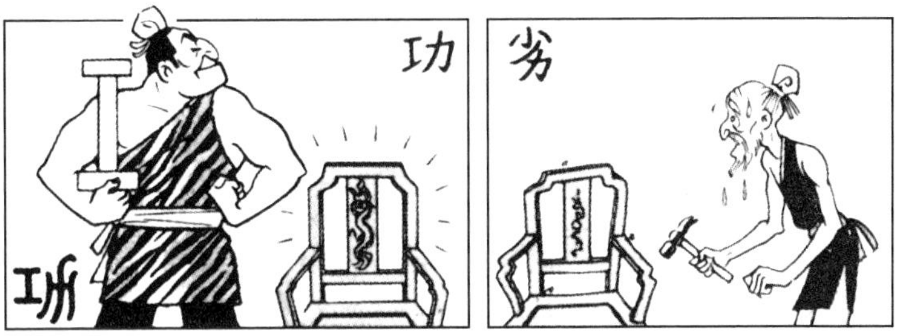

功 gōng

功德　gōng dé　　功课　gōng kè
功劳　gong láo　　功能　gōng néng

功：此字是由代表肌肉的“力”字与代表工匠所使用的丁字尺的“工”结合而成。在工作中尽之全力，而获得成就，即为“功”。另一方面在工作中出力少，即为“劣”，意为糟糕的或低级的。

加 jiā

加班　jiā bān　　加倍　jiā bèi
加法　jiā fǎ　　加害　jiā hài
加紧　jiā jǐn　　加宽　jiā kuān

加:此字为表意文字,意为增加或增长。将“力”与“口”相结合,意为在劝说过程中动用武力,但在劝说过程中动用武力永远也不会被人们所赞同。虽然强权永远也不可能成为公理,但公理却总是强有力的。

1	2	3	4	5
𠃌	力	加	加	加

协 xié

协定　xié dìng　　协会　xié huì
协力　xié lì　　协商　xié shāng

协:三股力量合在一起(劦)象征在一个团体中十个人(十)的力量,意为共同合作,即“協”。在工作中,如果缺少了协作,就会出现失误,正如谚语所说:“缺少协作,两人喂马马必瘦,两个补船船必漏。”

1	2	3	4	5	6
一	十	十フ	协	协	协

劳 láo

劳动　láo dòng　　劳工　láo gōng
劳累　láo lèi　　劳力　láo lì
劳碌　láo lù

劳：此字象征着借助灯光（火火）在屋内（冖）辛勤地工作（力），即“勞”。但过分地耗费精力是徒劳无益的，就像水中捞月或磨砖为镜一样。

1	2	3	4	5	6	7
一	十	艹	艹	艹	劳	劳

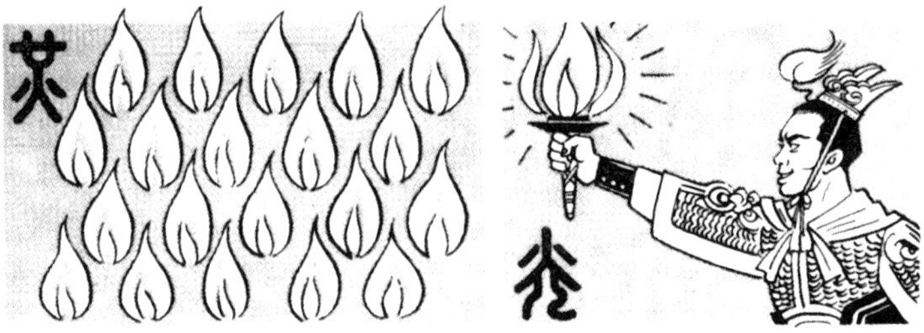

光 guāng

光彩　guāng cǎi
光辐射 guāng fú shè
光顾　guāng gù　　光辉　guāng huī

光：原先的“芡”字是由代表二十的“廿”与代表火焰的“火”字组合而成，意为二十团火焰。经过演变成为“灮”，意为手持火炬（火）的一个人（儿）。不论此字的形式如何，“光”意味着光明和荣耀。但这种光明和荣耀是不能持续很久的，正如谚语所说：“明亮的黎明并不总能代表晴朗的一天。”

1	2	3	4	5	6
丨	丨	小	业	光	光

先 xiān

先辈 xiān bèi
先导 xiān dǎo
先后 xiān hòu
先进 xiān jìn
先生 xiān sheng

先：此字的上半部分“生”意为从地面上（一）生长出来的植物（ψ），意为生长；下半部分则代表行进中的双腿。从字面上来解释，“先”意为依靠人的双脚（儿）前进（生），争夺第一，而与人打交道时切记要做到“先礼后兵”。

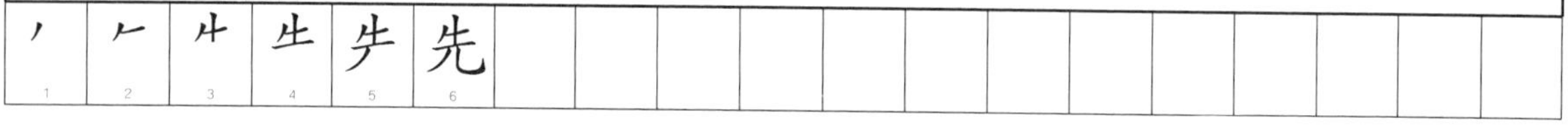

洗 xǐ

洗尘 xǐ chén
洗涤 xǐ dí
洗发剂 xǐ fà jì
洗劫 xǐ jié
洗澡 xǐ zǎo

洗：此字将代表形旁的“氵”与代表声旁的“先”字组合而成，意为想要清洁或梳洗首先（先）需要水（氵）。那么什么东西最先应该被清洗呢？正如谚语所说：“净化心灵，如同日常清洗碗碟一样重要。”

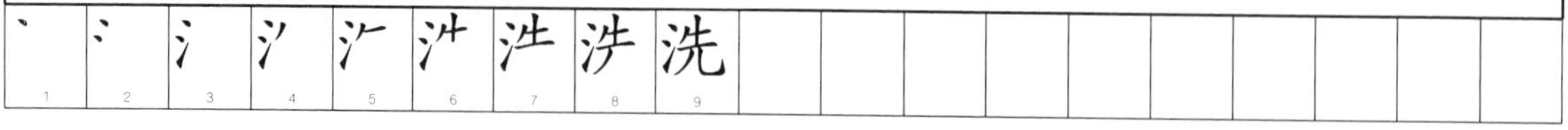

海 hǎi

海岸 hǎi àn
海豹 hǎi bào
海滨 hǎi bīn
海产 hǎi chǎn
海盗 hǎi dào
海港 hǎi gǎng
海军 hǎi jūn

海：“每”字指代的是一位正在哺乳孩子的妇女。“每”字是由代表母亲的“母”字与代表发芽的“𠂉”组合而成，意为经常不断地重生。“海”指代的是大海，意为总是（每）拥有大量水资源的地方（氵）。

1	2	3	4	5	6	7	8	9	10
丶	冫	氵	氵丿	氵𠂉	氵𠂉乚	海	海	海	海

林 lín

艺林 yì lín
竹林 zhú lín
林产品 lín chǎn pǐn
林带 lín dài
林立 lín lì
林木 lín mù

林：按照谚语所说：“单丝不成线，独树不成林。”代表树的“木”字为象形字。两个“木”字意为树丛或树林。三个“木”字组合在一起，即为“森”，指代的是茂密生长的树林。

1	2	3	4	5	6	7	8
一	十	才	木	木一	村	材	林

枝 zhī

枝杈　zhī chà　　枝接　zhī jiē
枝叶　zhī yè　　枝子　zhī zi

枝:此字是由代表树木的“木”字与代表树叉的“支”字组合而成。“支”指代的是右手(又)握着的一个树枝(十),意为分枝。又因为树叉是构成树木的一部分,所以正可谓是“一枝晃动,百枝齐摇”。

一	十	才	木	木⁻	杧	枋	枝
1	2	3	4	5	6	7	8

病 bìng

流行病　liú xíng bìng
心脏病　xīn zàng bìng
病倒　bìng dǎo　　病假　bìng jià
病态　bìng tài

病:此字的形旁为“疒”(爿),指代的是躺在床上(爿)的一个病人(一)。声旁“丙”(㶳)指代房中(宀)的火(火),即发高烧。“病”字还含有缺点与错误之意。正如谚语所说:“再聪明的医生也不会为自己治病。”

丶	亠	广	广	疒	疒	疒	疔	病	病
1	2	3	4	5	6	7	8	9	10

疼 téng

疼爱　téng 'ài
疼痛　téng tòng

疼:"冬"字与代表疾病的形旁"疒"结合后,含有疼痛之意。当然,老年人与年轻人对"疼"的看法不一样。年轻人认为:缺少了欢乐就是痛苦,而老年人则认为:没有痛苦就是幸福。

丶	亠	广	广	疒	疒	疒	疒	疒	疼
1	2	3	4	5	6	7	8	9	10

疾 jí

眼疾　yǎn jí　　疾病　jí bìng
疾风　jí fēng　　疾苦　jí kǔ

疾:疾病的降临犹如突然射出的利箭一样,出乎人们的意料。因此"疾"含有疾病的意思。此字是由代表疾病的形旁"疒"和代表"箭"字的"矢"组合而成。正如谚语所说:"病从口入,祸从口出。"

丶	亠	广	广	疒	疒	疒	疒	疒	疾
1	2	3	4	5	6	7	8	9	10

道 dào

道德 dào dé　　道贺 dào hè

道教 Dào Jiào　　道具 dào jù

道："首"是一个象形文字，代表了人类长有头发（首）的脑袋，意为头脑或首领。将"首"与"辶"相结合后，产生出了"道"，意为通向美德之路。将代表头脑的"首"字与代表足部的"辶"相结合，意为在同一条路上行进。同时，道教也是源于中国本身的一种宗教。有一句谚语说："信道容易，得道难。"

1	2	3	4	5	6	7	8	9	10	11	12
丶	丷	䒑						首			道

面 miàn

面对 miàn duì

面对面 miàn duì miàn

面粉 miàn fěn　　面积 miàn ji

面颊 miàn jiá

面：形旁"口"指代的是人脸的轮廓，而"百"说明眼睛是人类身体中最突出的部分。在与人打交道时，我们往往会注重人的外表而不是心灵。但无论何时，"我们都不应该当面一套，背后一套"。

1	2	3	4	5	6	7	8	9
一					而			面

瞎

xiā

瞎扯 xiā chě　　瞎话 xiā huà
瞎闹 xiā nào

瞎:此字意为受伤的(害)眼睛(目)。声旁“害”代表在遮盖物下(宀)由刻有痕迹(三)的木棍或言语(口)所造成的伤害。另一个表示“瞎”的表意文字为“盲”,意为失去(亡)的双眼(目)。尽管聋哑人与盲人身有残疾,但“盲人的听觉十分灵敏,而聋人的眼睛非常敏锐”。

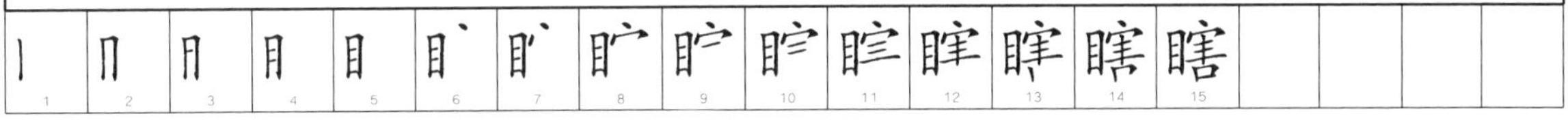

睡

shuì

睡觉 shuì jiào　　睡莲 shuì lián
睡梦 shuì mèng　　睡眠 shuì mián
睡醒 shuì xǐng　　睡衣 shuì yī

睡:此字指代的是垂下(垂)的眼皮(目),意为睡觉。声旁“垂”或“𠂹”意指长满树叶的树枝垂向地面(土)。但有时紧闭双眼睡觉也并非安全,正如谚语所说:“伴君如伴虎。”

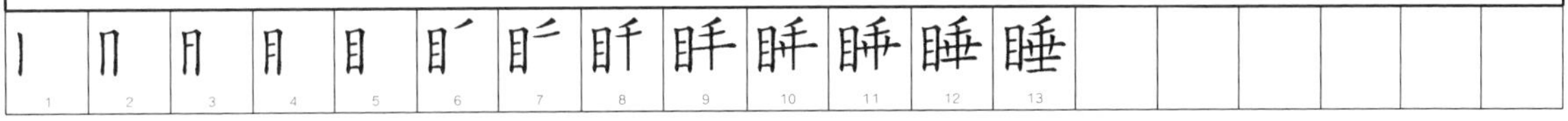

胃 wèi

胃病 wèi bìng　胃口 wèi kǒu
胃溃疡 wèi kuì yáng　胃酸 wèi suān
胃痛 wèi tòng　胃液 wèi yè

胃：此表意文字是由两个象形文字所组成。上半部分的“⊗”代表装满大米的小包，下半部分“月”则代表一块肉。由此得来了“胃”字，意为装有大米的肉口袋。虽然吃饱之后便可高枕无忧，但正如谚语所说：“宁可饥肠辘，不要饱与贪。”

1	2	3	4	5	6	7	8	9
								胃

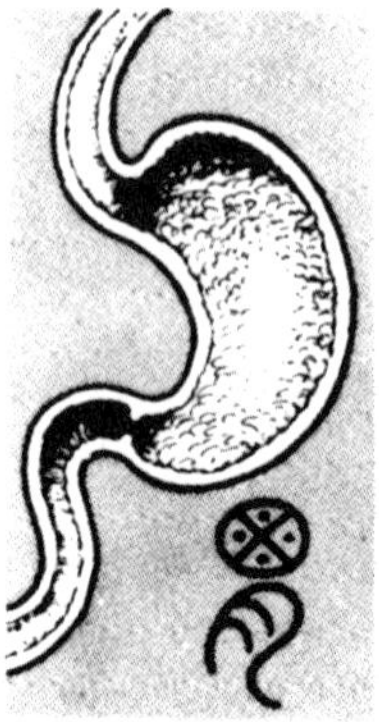

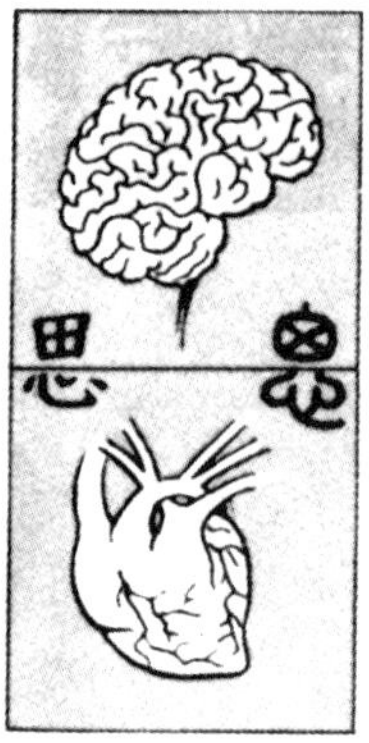

思 sī

思潮 sī cháo　思考 sī kǎo

思：象形文字的“ ”是由代表脑壳的“⊗”与代表心脏的“心”组合而成。推理与感知的能力结合在一起，代表一种平衡的心态。有句俗话说：“闻其言，明其思。”

1	2	3	4	5	6	7	8	9
								思

情

qíng

情报 qíng bào　　情操 qíng cāo
情敌 qíng dí　　情调 qíng diào
情感 qíng gǎn

情："青"字代表绿色，"丹"表示自然的颜色。"生"表示生长的植物，与代表心脏的形旁"忄"相结合后，意指对人产生出的一种纯真自然的情感，即"情"。人们有时会为没有深厚的感情而感到痛苦。有句话说："人情薄如纸。"

1	2	3	4	5	6	7	8	9	10	11
								情	情	情

放

fàng

放出 fàng chū　　放大 fàng dà
放胆 fàng dǎn　　放荡 fàng dàng

放：此字意为释放、解放。形旁"攴"（攵）代表手握小棍的手，声旁"方"指代的是方形场地或一块开阔的空间。马匹或牛群总是在吃草时被放出去，吃完后就赶回来。然而，俗话说得好："君子一言，驷马难追。"

1	2	3	4	5	6	7	8
丶	亠		方				放

政

zhèng

政变	zhèng biàn	政策	zhèng cè
政党	zhèng dǎng	政敌	zhèng dí
政法	zhèng fǎ	政府	zhèng fǔ
政客	zhèng kè		

政：形旁"攴"代表右手紧握象征权利的木棍，声旁"正"指代的是一只脚（止）走在笔直的路上（一）。由此可以看出，"政"强调一种正规的行政机构，即政府。

								政
1	2	3	4	5	6	7	8	9

叫

jiào

叫喊	jiào hǎn	叫好	jiào hǎo
叫唤	jiào huan	叫苦	jiào kǔ

叫：此字的原形"叫"是由代表大声呼喊的"口"字与代表计量工具的"斗"字组成。古时候，此字由一个勺子（⺈）和十（十）字组成，即"斗"。小贩们对自己的货品赞不绝口，真可谓是"老王卖瓜，自卖自夸"。

				叫
1	2	3	4	5

听

tīng

听从	tīng cóng	听话	tīng huà
听觉	tīng jué	听说	tīng shuō
听写	tīng xiě	听众	tīng zhòng

听:“直”代表纠正(西或壬)一位听者心中(心)所想,或者是某人耳朵(耳)的信徒(壬),意为遵从或听从。经过简化后的“听”字是由“口”字与“斤”字相结合而成,意为用耳朵听懂别人所说的话。但现实中的许多人都对别人的劝诫充耳不闻。

1	2	3	4	5	6	7												

聋

lóng

聋哑	lóng yǎ
聋子	lóng zi

聋:因为龙是兽之王(其他的依次为:独角兽、凤凰、乌龟),所以它可以对任何事情都采取充耳不闻的态度,由此得来“聋”字。听觉不好的不必太失望,因为有一句俗话说:“在聋人的世界里,有一只耳朵的人就是国王了。”

1	2	3	4	5	6	7	8	9	10	11							

喜 xǐ

喜爱 xǐ 'ài　　喜欢 xǐ huan

喜酒 xǐ jiǔ　　喜剧 xǐ jù

喜：此字是由代表歌唱的"口"字与代表音乐的"壴"结合而成。"壴"在古代指代的是放在架子上（豆）鼓面展开（一）的鼓，一人用右手（屮）在敲鼓。"口"则代表一张正在歌唱中的嘴。要记住，无私的奉献就是幸福，当你让两个人快乐时，其中一个人可能就是你自己。

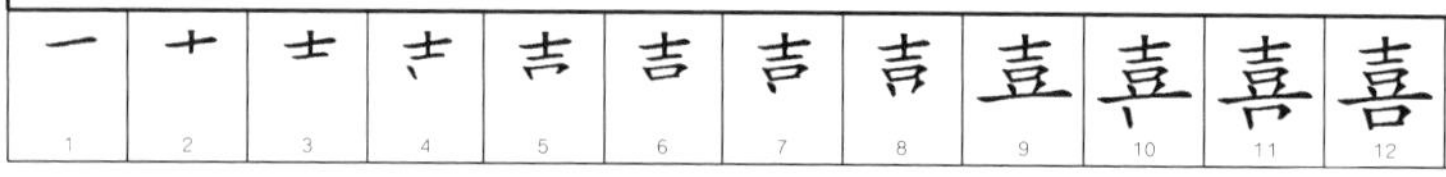

春 chūn

春光 chūn guāng　　春季 chūn jì

春卷 chūn juǎn　　春天 chūn tiān

春：此字的篆体为"萅"，指代的是在阳光照耀下（日）的植物的萌芽（屯）与生长。而春天是一个气候多变的季节，就连它每年到来的时间也是不固定的。这一点正像谚语所说："春天就像继母的脸一样多变。"

唱

chàng

唱词 chàng cí　　唱歌 chàng gē
唱功 chàng gōng　唱片 chàng piàn

唱："昌"是由代表太阳的"日"与代表言语的"口"字组合而成，延伸之意为喘息。同时，"昌"字还具有繁荣昌盛之意，就如太阳发光，嘴巴吐字一样。"唱"意为从嘴中唱出的优美的声音，它比日常的说话要动听。

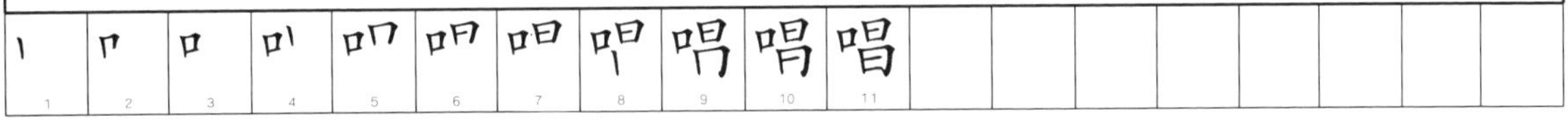

歌

gē

歌本 gē běn　　歌词 gē cí
歌喉 ge hóu　　歌剧 gē jù
歌谱 gē pǔ

歌："可"字指代的是从嘴里（口）发出赞许（丁）的欢呼声，意为可能或可以。"哥"字是由两个"可"字组成，原来指代歌唱，现在用来称呼兄长。"歌"是由代表气息的"欠"字与代表歌唱的"哥"字组合而成。

如 rú

如常 rú cháng　　如此 rú cǐ

如果 rú guǒ　　如何 rú hé

如今 rú jīn

如：此字为表意文字，由“女”与“口”组成，表示像女人般地说话。女人常常用语言影响和左右男人，正如俗话所说：“男人所创下的事业，往往毁在女人的手中。”

客 kè

客船 kè chuán　　客串 kè chuàn

客队 kè duì　　客房 kè fáng

客观 kè guān

客：“夊”代表正在走路的行人。“各”代表不听劝诫（口）而继续赶路（夊），延伸之意指代个体。“客”意为客人，是在别人屋内（宀）进行休息的人。毫无疑问，当客人离开的时候，最高兴的恐怕还是主人。

比

bǐ

比方	bǐ fang	比分	bǐ fēn
比价	bǐ jià	比率	bǐ lǜ
比赛	bǐ sài		

比：此字的篆刻体显示此字是“从”字的颠倒体。它指代的是站在一起，互比身高的两个人。正如谚语所说：“比上不足，比下有余。”

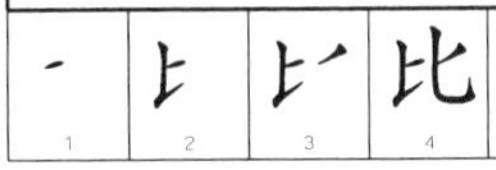

背

bèi

背痛	bèi tòng	背地里	bèi dì li
背后	bèi hòu	背脊	bèi jǐ

背：一个人面朝南，与另一个人背靠背而坐就是“北”字。“背”字指代某人转身背向另一个人，意指相反。所以“背”字由“北”与“月”组成。此字还具有反抗、反对及身肩背扛之意。

凶 xiōng

凶残　xiōng cán　　凶恶　xiōng 'è

凶猛　xiōng měng　凶杀　xiōng shā

凶：此字意为倒霉、晦气，指代的是不幸落入（乂）坑中（凵）的人。然而，灾难并不是伴随着某些事故而到来的。正如谚语所说："祸从口出。"

1	2	3	4
丿	乂		凶

答 dá

答案　dá 'àn　　答辩　dá biàn

答复　dá fù

答：美丽的竹子（⺮）含有合谐（合）之意，在此表示答案或答复之意。然而，所给出的答案总是不相同的，如同竹子的长度是长短不一的一样。也正像很多人总爱用啰嗦的语言来回答很简明的问题一样。

1	2	3	4	5	6	7	8	9	10	11	12
丿					⺮						答

篮 lán

投篮 tóu lán　　篮球 lán qiú
篮圈 lán quān　　篮子 lán zi

篮："皿"指代的是在一个装满物品的瓶子（皿）前弯下身来（卧），看看里边有些什么。延伸之意为监督被囚禁在狱中的犯人。加上形旁"竹"字后，意为可以携带物品的竹制容器，即"篮"。

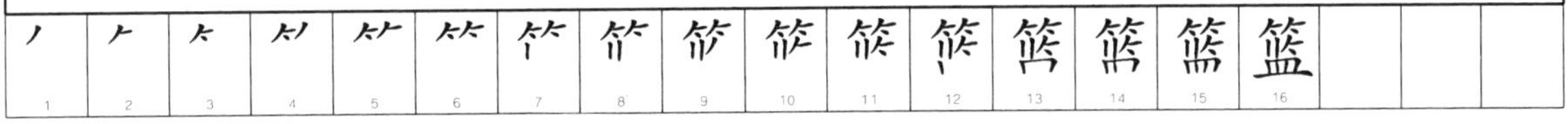

井 jǐng

矿井 kuàng jǐng　　油井 yóu jǐng
井架 jǐng jià

井：此字的篆体" 井 "意为由八户人家共享的土地，中间有一口公用水井。"井"字同时也揭示出人们爱挑剔的毛病。正如人们打水时常常埋怨井的深度，而不是绳子的长度。

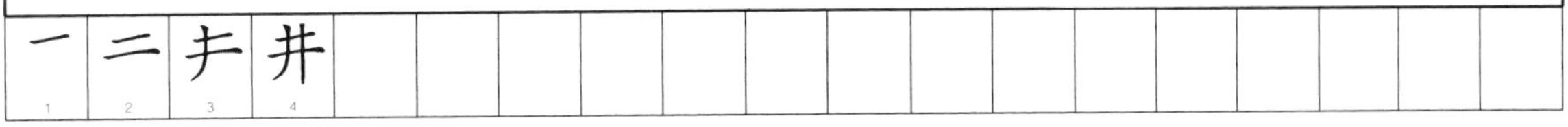

石 shí

石斑鱼 shí bān yú　石壁 shí bì
石雕 shí diāo　石膏 shí gāo

石：此字指代的是悬崖（厂）上掉落下来的一块岩石（口）。“岩”字指代的是像小山（山）一样险峻的岩石（石）或悬崖。由于岩石十分坚硬，所以也指代完整及完善。有一句谚语说：“人正不怕影斜，水落才能石出。”

一	丆	丆	石	石
1	2	3	4	5

仙 xiān

仙丹 xiān dān　仙姑 xiān gū
仙鹤 xiān hè　仙境 xiān jìng
仙人掌 xiān rén zhǎng

仙：此字的原形为“僊”，指代的是一个人（儿）开动脑筋（囟）运用四肢（舁）向上爬升。代表官印的“巳”意指晋升。经过演变后的“仙”字由代表人类的“亻”与“山”字结合而成，意为隐士或仙人。

丿	亻	亻	仙	仙
1	2	3	4	5

高 gāo

高傲　gāo 'ào　　高潮　gāo cháo
高大　gāo dà　　高度　gāo dù
高贵　gāo guì

高：此字为象形字，一座高塔(冂)座落在高出地面的地基上(冂)，并有一个大厅(口)。此字具有高耸之意。当涉及到地位问题时，人人都想向高处爬升。但人们应牢记："爬得越高，摔得越狠。"

1	2	3	4	5	6	7	8	9	10
丶									高

京 jīng

京城　jīng chéng
京剧　jīng jù

京：此字是由"高"字演变而来的，代表支点的"小"字取代了"高"字的下半部分。"小"表示一个小支点，用来传达中央的指示。所以，"京"有一国之都的意思。正如谚语所说："能言之人谈国事，寡言之人谈家事。"

1	2	3	4	5	6	7	8
丶							京

空

kōng

空洞 kōng dòng　空防 kōng fáng
空话 kōng huà　空欢喜 kōng huān xǐ
空间 kōng jiān　空军 kōng jūn

空:此字的部首为“穴”。而洞穴是靠挖掘(八)岩石或泥土而得来的一个空间(冖)。当一个“穴”通过劳动(工)挖成后,就“空”了。同时,空还具有空闲与休息之意。

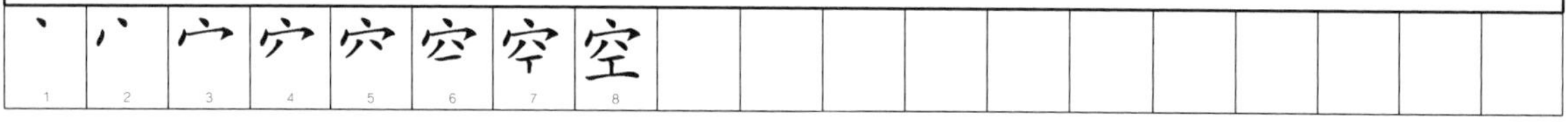

船

chuán

船埠 chuán bù　船壳 chuán ké
船尾 chuán wěi　船坞 chuán wù
船员 chuán yuán
船长 chuán zhǎng
船只 chuán zhī

船:此字指代的是载有八个(八)或八张嘴(口)的一叶孤舟(舟)。“舟”为象形字,声旁“㕣”意为海岸。所以,“船”字还有沿海(沿)之舟(舟)的意思。船与水之间的关系就像针不能离开线一样,“没有了水,船就寸步难行。”

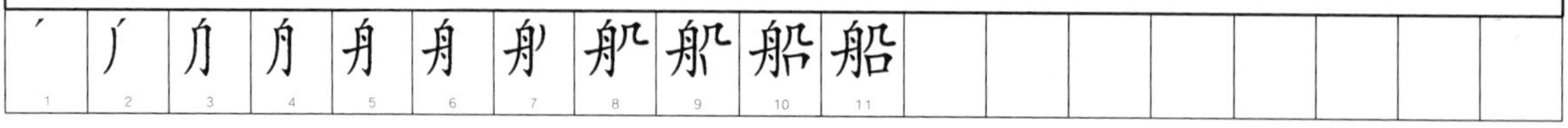

贫

pín

贫乏 pín fá　　贫寒 pín hán
贫困 pín kùn　　贫民 pín mín

贫：形旁“贝”指代的是原来用作货币的子安贝，是财富的象征。“分”则代表驱逐或分离。所以，“贫”可意为使某人失去（分）财富（贝），变穷。穷人应该牢记这句话：“穷人与富人交往只会更穷。”

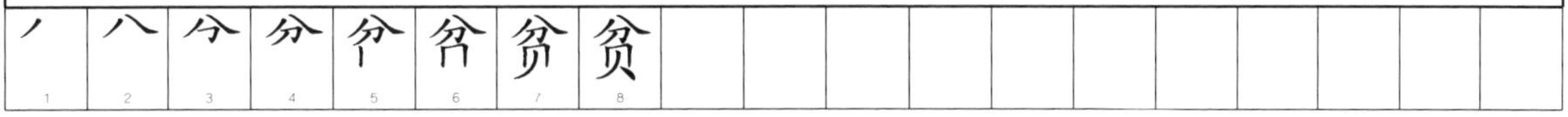

圆

yuán

圆规 yuán guī　　圆滑 yuán huá
圆满 yuán mǎn　　圆圈 yuán quān
圆舞曲 yuán wǔ qǔ　　圆形 yuán xíng

圆：意作圆圈或被用作货币单位的“圆”字经历了许多演变。最早被写作“O”。象形字“O”意为像贝壳（贝）一样的圆形（O）。此字后来写作“员”。最终，此字定型为“圆”。尽管此字最终加了一个“口”，但货币所具有的价值依然是起浮不定的，正如谚语所说：“用钱买物要比用物换钱容易得多。”

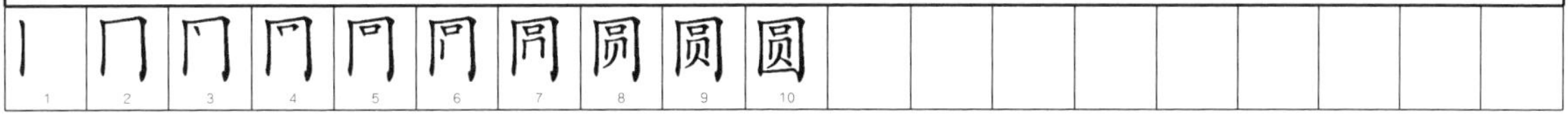

儿

ér

儿歌　ér gē　　儿科　ér kē
儿女　ér nǚ

儿：此字为象形字，指代的是脑门（O）沿尚未长合的爬行中的婴儿到能够摇摇摆摆走路的儿童（兒），意为成长中的儿童。经过演变，最终定形为"儿"。但养育孩子的艰辛是不能言表的，正如谚语所说："不养儿，不知父母辛。"

丿	儿
1	2

士

shì

士兵　shì bīng　　士气　shì qì
士绅　shì shēn　　士卒　shì zú

士：此字为表意文字，指代的是在人群中只占有很少一部分的学者或智者（士），即只有十分（十）之一（人）。"士"指代的是经过长时间培养出来的通达世间万物的人，正如谚语所说："十年树木，百年树人。"

一	十	士
1	2	3

做

zuò

做东　zuò dōng　　做法　zuò fǎ
做工　zuò gōng　　做鬼　zuò guǐ
做客　zuò kè

做：此字是由将“亻”旁和“故”字结合而成，意为生产、劳作。同时还具有某人（亻）为了一件毫无意义的事情而辛勤劳作（攵），直至年老（古）。正如谚语所说：“千年之作，毁于一旦。”

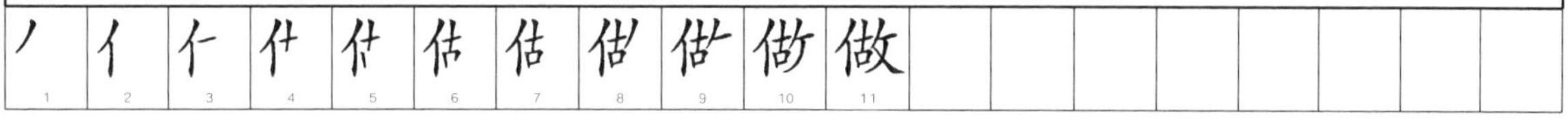

众

zhòng

众多　zhòng duō　　众人　zhòng rén
众望　zhòng wàng

众：篆体的“眾”指代的是在他人目光（罒）注视下的三个或三个以上的人（乑）。经过演变成为“衆”。此字最终定形为“众”，代表叠在一起的三个人，具有“一群”之意。你跟着一群人比较容易，要让一群人跟着你就很难。正如谚语所说：“千人之军易找，千人之首难寻。”

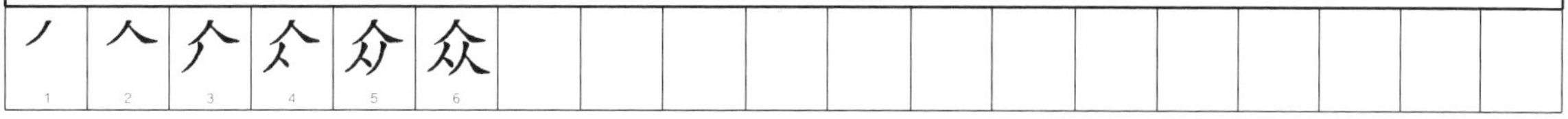

价

jià

估价 gū jià　讲价 jiǎng jià
价格 jià gé　价目 jià mù
价值 jià zhí

价：此字为表意文字，把一个买者（亻）与卖者（賈）相结合，即“價”。卖者总会对自己的物品（西）按照贝壳（貝）的价值进行标价，即“价”。但有些价格昂贵的物品并非物有所值。

讲

jiǎng

讲话 jiǎng huà　讲演 jiǎng yǎn
讲课 jiǎng kè　讲坛 jiǎng tán

讲：“講”表示用有序（冓）的言（言）语进行表达或表述。“冓”指代的是建筑物的框架。“講”最终简化为“讲”。同时，一个人的心智可以通过言语表达出来。正如谚语所说：“智者谦逊，笨者狂”。

语 yǔ

语词	yǔ cí	语调	yǔ diào
语法	yǔ fǎ	语汇	yǔ huì
语句	yǔ jù	语气	yǔ qì

语:“吾”字指代的是五(五)张嘴(口)。古代可以用作表达“我们或我”。人称代词“吾”字与“言”字相结合后,就形成了“語”字。而言语既可以表达思想,也可以被某些人用来隐瞒自己真实的思想。

1	2	3	4	5	6	7	8	9
丶	讠	讠一	讠丆	讠丌	讵	语	语	语

去 qù

去处	qù chù	去垢剂	qù gòu jì
去路	qù lù	去年	qù nián

去:此字为象形字,指代的是带有盖子(土)的空容器(厶)。“去”字含有离去之意,指代的是移走容器的盖子和容器中的物品。“来”字意为到来,象征着正在茁壮成长的小麦或大麦。同时,也象征着人们对于上天所赐福的收获所怀有的一种感激之情。

1	2	3	4	5
一	十	土	去	去

回

huí

回避　huí bì　　回驳　huí bó

回程　huí chéng　　回答　huí dá

回顾　huí gù　　回击　huí jī

回：此字指代的是卷曲的云彩、水中的漩涡或以轴为中心而转动或卷曲的某一物体，因此，“回”字还具有卷入或返回之意。

凸

tū

凸窗　tū chuāng

凸轮　tū lún

凸面镜　tū miàn jìng

凸透镜　tū tòu jìng

凸：此字的构造决定了它所包含的意义，即凸出。其反义词“凹”字也是一个象形字，意为凹部、凹痕。

巢 cháo

巢穴 cháo xué　匪巢 fěi cháo

鸟巢 niǎo cháo

巢：篆体“巢”指代的是在树顶窝中的三只幼鸟。经过演变，此字成为了“巢”。但果实的出现，往往代替了鸟窝的存在。虽然这种情况不会持续很久，但正如俗语所说：“打破鸟巢，便一无所有。”

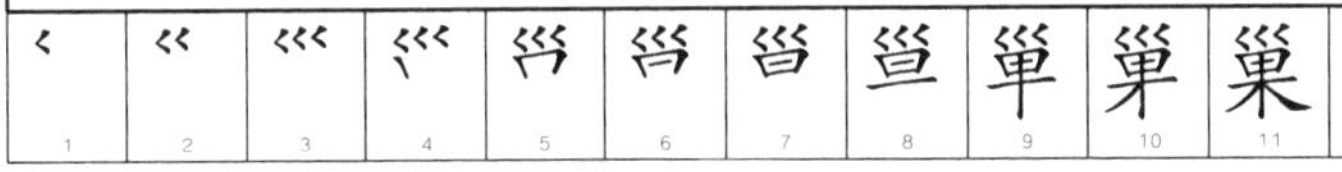

附　录

汉语拼音与国际音标

韵母　FINALS

汉语拼音	国际音标	汉语拼音	国际音标
i	i	ian	jɛn
u	u	uan	wän
ü	y	uan	yan
er	ɚ	en	ən
a	ä	in	in
ia	jä	uen	uən
ua	ua	un	yn
e	ɤ	ang	aŋ
o	ɔ	iang	jaŋ
uo	uo	uang	wa
ie	je	eng	ŋ
ue	ye	ing	əŋ
ai	al	ong	iŋ
uai	wal	iong	uŋ
ei	el		jvŋ
uei	uei		
ao	av		
iao	jav		
ou	v		
iou	j v		
an	än		

声母 INITIALS

汉语拼音	国际音标
b	p
p	p′
m	m
f	f
d	t
t	t′
n	n
l	l
g	k
k	k′
h	x
j	tɕ
q	tɕ′
x	ɕ
zh	tʂ
ch	tʂ′
sh	ʂ
r	l
z	ts
c	ts′
s	s
y (字母)	j
w (字母)	w

1－100 的数字表达方式：

1 一 yī	2 二 èr	3 三 sān	4 四 sì	5 五 wǔ	6 六 liù	7 七 qī	8 八 bā	9 九 jiǔ	10 十 shí
十一 shí yī	→	→	→	→	→	→	→	→	二十 èr shí
二十一 èr shí yī	→	→	→	→	→	→	→	→	三十 sān shí
三十一 sān shí yī	→	→	→	→	→	→	→	→	四十 sì shí
四十一 sì shí yī	→	→	→	→	→	→	→	→	五十 wǔ shí
五十一 wǔ shí yī	→	→	→	→	→	→	→	→	六十 liù shí
六十一 liù shí yī	→	→	→	→	→	→	→	→	七十 qī shí
七十一 qī shí yī	→	→	→	→	→	→	→	→	八十 bā shí
八十一 bā shí yī	→	→	→	→	→	→	→	→	九十 jiǔ shí
九十一 jiǔ shí yī	→	→	→	→	→	→	→	→	一百 yī bǎi

1)月的表达方式：

一月 yī yuè	七月 qī yuè
二月 èr yuè	八月 bā yuè
三月 sān yuè	九月 jiǔ yuè
四月 sì yuè	十月 shí yuè
五月 wǔ yuè	十一月 shí yī yuè
六月 liù yuè	十二月 shí èr yuè

2)星期的表达方式：

星期一 xīng qī yī	星期四 xīng qī sì
星期二 xīng qī èr	星期五 xīng qī wǔ
星期三 xīng qī sān	星期六 xīng qī liù

索 引

Index

A

B

C

D

E

图书在版编目（CIP）数据

趣味汉字 /（新加坡）陈火平著 . -- 北京 : 新世界出版社，2016.10

ISBN 978-7-5104-5890-3

Ⅰ. ①趣… Ⅱ. ①陈… Ⅲ. ①汉字－基本知识 Ⅳ. ① H12

中国版本图书馆CIP数据核字（2016）第168474号

著作权合同登记号：图字01－2016－2240号

趣味汉字

作　　者：[新加坡] 陈火平 著
责任编辑：熊文霞
责任印制：李一鸣　黄厚清
出版发行：新世界出版社
社　　址：北京西城区百万庄大街 24 号（100037）
发 行 部：（010）6899 5968　（010）6899 8705（传真）
总 编 室：（010）6899 5424　（010）6832 6679（传真）
http://www.nwp.cn
http://www.nwp.com.cn
版 权 部：+8610 6899 6306
版权部电子信箱：nwpcd@sina.com
印　　刷：北京天宇万达印刷有限公司
经　　销：新华书店
开　　本：787mm × 1092mm 1/16
字　　数：144 千字　印张：13
版　　次：2016 年 10 月第 1 版　2016 年 10 月第 1 次印刷
书　　号：ISBN 978-7-5104-5890-3
定　　价：32.80 元